HARVARD

这样教
儿女快乐上哈佛

于巾帼　肖峰◎著

作家出版社

图书在版编目（CIP）数据

这样教，儿女快乐上哈佛 / 于巾帼，肖峰著． --
北京：作家出版社，2018.7
ISBN 978-7-5212-0046-1

Ⅰ．①这… Ⅱ．①于… ②肖… Ⅲ．①家庭教育
Ⅳ．①G78

中国版本图书馆CIP数据核字（2018）第121912号

这样教，儿女快乐上哈佛

作　　者：于巾帼　肖　峰
策划编辑：郑建华
责任编辑：李　雯　乔永真
装帧设计：尚书堂
出版发行：作家出版社
社　　址：北京农展馆南里10号　　　邮　　编：100125
电话传真：86-10-65930756（出版发行部）
　　　　　86-10-65004079（总编室）
　　　　　86-10-65015116（邮购部）
E-mail:zuojia@zuojia.net.cn
http://www.haozuojia.com（作家在线）
印　　刷：三河市北燕印装有限公司
成品尺寸：165×240
字　　数：198千
印　　张：16
印　　数：001-10000
版　　次：2018年7月第1版
印　　次：2018年7月第1次印刷
ISBN 978-7-5212-0046-1
定　　价：45.00元

哈佛家庭

姐弟俩与省长合照

演奏小提琴的宇琪

三重奏乐团

宇琪在哈佛创始人 John Harvard 铜像前留影

加拿大滑雪教练宇阳

序言 – 清华缘，枫叶情

第一部：学前科学教育

第二部：小学习惯教育

第三部：中学诱导教育

第四部：大学激励教育

后记

序 言

清华缘，枫叶情

台湾的莘莘学子，无不以考入台湾大学为求学最光荣的目标，而我虽生在台湾，长在台湾，但在热爱祖国的父亲之熏陶下，从小就立志念清华大学。

父亲是最典型的台湾外省人，在十六岁时，因为一些小事，被我的祖父骂了一顿。父亲年少气盛，当下收拾了个小包袱，离家出走了。没想到正逢战乱，阴差阳错，小小年纪就只身到了台湾，从此以后，与所有的亲人分隔两岸长达四十年。客居他乡，父亲在困难的环境下，认真上进，努力自学，在台湾完成了大学学位。父亲虽然主修化学工程，但却对中华文化有着非常浓厚的兴趣。记得我很小的时候，父亲就告诉我，中华文化是以科学为本，并教我背诵儒家的经典著作《礼记·大学》："大学之道，在明明德，在亲民，在止于至善。知止而后有定，定而后能静，静而后能安，安而后能虑，虑而后能得。物有本末，事有终始，知所先后，则近道矣。"父亲说，就这么短短的一段话，已经将求学成功之道，说得极其清楚："想要学习知识，必须要先静下心，才能仔细思考；所有的学问都有先后顺序，必须按部就班，由浅而深，逐步学习，才能事半功倍，学有所成。"

记得 1987 年，两岸探亲终于开放，父亲高兴地带着我，回到河南老家去，虽然祖父母都已经过世了，但还是见到了姑姑、叔叔以及其他许多亲人。父亲的欣喜，真是不可言表，数十年来再见亲人以及故乡的心愿，终于实现。

那一年，父亲专程带我去北京清华大学，告诉我清华大学的校训"自强不息，厚德载物"，是源于《易经》乾坤二卦，卦辞是"天行健，君子以自强不息；地势坤，君子以厚德载物"。父亲说，中国自古以来，儒道等百家共同尊奉的经典《易经》，蕴藏着许多不为人知的科学道理，作为一个当代中国人，一定要以科学的方法，来弘扬中华文化。

位于台湾的新竹清华大学分校，虽然不如北京的清华大学那样庄严有气势，但却处山明水秀之地，校园优美典雅。当年就读北一女中的我，一心想考入台湾"清华大学"，但天不从人愿，就在我高三的那一年，眼睛近视度数大幅增加，不宜过于劳累，需要多休息，也正因为如此，不适合参加激烈的大学联考。父母商量之下，觉得移民加拿大到温哥华的大学就读，是最可行的方案。就这样，我告别了考入清华大学之梦，随着父母，移民到美丽的枫叶之国——加拿大。

在温哥华的西门菲沙大学计算机系，我认识了我的清华先生。那个时候，中国只有最优秀的人才，才有可能由大学提供全额奖学金出国留学。先生在攻读计算机博士之余，也在本科系里教课，而我则刚进本科一年级。记得当年，我拿了一个台湾大学男生的邮件信箱，请他教我发电子邮件到台湾，没想到，他将我的邮件信箱地址收了起来，并写下了他自己的电话号码给我，就这样，开始了我们浪漫的枫叶恋情。

先生除了自己的本科知识之外，还非常喜爱阅读报纸以及各类知识性杂志，所以称得上是学识渊博，他总嘲笑我孤陋寡闻，但只要是有关国学常识，先生就不得不甘拜下风。在我读中学的那个年代，台湾非常重视国学教育，北一女中的学生，基本上人人熟读《论语》，日常闲聊时，我常引用《论语》中的语录，增加先生的国学知识——子曰："学而时习之，不亦说乎？有朋自远方来，不亦乐乎？人不知而不愠，不亦君子乎？""温故而知新，可以为师矣。""学而不思则罔，思而不学则殆。"宇琪、宇阳出生在加拿大，听到我们讨论中国古文，也总是兴致勃勃地问这些简洁古文的含义，我正好也趁机教导他们儒家格物致知、修身齐家治国平天下的道理。

姐弟俩上哈佛后，校园学习生活充实忙碌。哈佛大学不只是追求学问的最高学府，来自全世界的顶尖学子群集一堂，时时畅谈他们想要改变世界的远大抱负。宇琪、宇阳从小受中国传统文化的影响，以追求学问为乐趣，待人敦厚宽容，时时想着如何将自己的所学用来帮助别人、回馈社会。良好的品格，真诚的态度，使得他们很快地在哈佛结交了许多杰出的好朋友。宇琪在哈佛主办了许多医学助人的活动，而宇阳在大一时，就获选为哈佛学生会新生代表，从关心哈佛学生开始，推己及人，更在大二时学以致用，将最新的虚拟现实计算机技术，用来治疗眼睛相关的疾病。

出生在北美的孩子，往往个人意识太过强烈，在资本主义的环境下，不自觉地形成以自我为中心的价值观，许多华裔子弟，往往没有学到西方创新奋斗的精神，一方面高喊独立自主，一方面理直气壮地向父母拿零花钱。作为现代父母，我们必须有效地吸取中西方教育的优点，才能教出孔夫子当年所期盼的君子，以及现代的有为青年。

希望借这本书，与大家分享我们的故事：清华爸爸、台湾妈妈，中西并进，这样培养出优秀快乐的华裔哈佛姐弟。

第一部
学前科学教育
NO.1

1

保温箱中的体弱娃娃

"哇！破水了！"我在睡梦中惊醒，尖叫起来。身旁熟睡的先生立刻从床上跳起来："上医院！"我看了一眼床旁的闹钟——凌晨三点半。

"抱歉，你必须回家等！现在没有床位，等到三分钟痛一次再来医院。"罗莫娜医生看着我迷惑、无助的眼神，没忘了再加一句，"记得回家去爬楼梯！"

我和先生只好无奈、忐忑不安回家去。

"三八、三九……"我上上下下爬了几十次楼梯，突然觉得全身发冷，眼前一黑，就从楼上摔了下去。等我醒来的时候，发现自己在医院的急诊室里。原来我高烧超过四十度，急诊室的护士立刻打电话给罗莫娜医生。旁边的先生早已吓得脸色发白，而我也奄奄一息，冷得发抖。意识蒙眬中，我突然听到罗莫娜医生的声音："准备剖腹产！叫小儿科专科医生！"听到罗莫娜医生这几句话后，我就失去知觉了。

罗莫娜医生测出子宫内的温度高达四十点二度，刻不容缓，只见她一边请护士准备手术房，一边给我打肌肉松弛药，用吸盘吸出孩子。十几分钟后，宝宝自然出生了，这是我们的第一个孩子——宇琪。

·慢人一拍怎么办

和其他初生儿不同，女儿宇琪面色暗红、四肢无力、没有表情，由于吸盘的作用，小小的头竟成圆锥状。更糟糕的是，出生后她竟然没有大哭一声。还来不及让我和先生抱一下，一旁的儿科医生马上将宇琪抱了过去。只见他把宇琪面朝下，放在诊断床上，拿出一个大大的针筒，一下子扎进宇琪的背，进行骨髓抽样化验，看看病毒是否感染到骨髓。这一扎，与其说是扎到宇琪的身上，不如说是扎到我们的心上。抽完骨髓后，儿科医生转头对我们说："很抱歉，你们暂时不能抱小孩，我担心她的抵抗力太弱，会有危险。我们要马上给她打抗生素，然后放进保温箱里观察。"

这简直是晴天霹雳！医生转身抱着宇琪出去了。冰冷的产房里只剩下我和先生，我们俩抱头痛哭。为什么会这样？宇琪会不会有什么问题？头脑会不会烧坏了？她会像正常小孩一样吗？想想怀孕时的喜悦和憧憬，眼前一连串的问题，使得第一次做父母的我们，一下子从幸福的巅峰，跌落到痛苦的深渊。

第二天一早，护士来通知我们可以去看看宇琪。我和先生兴奋地跑到新生儿加护病房。一看到可怜的宇琪躺在保温箱里，头上扎着抗生素点滴针头，我的泪水马上止不住地流下来。就这样，宇琪一出生，就住在婴儿加护病房，我们每天去医院四次，抱抱她，亲亲她，给她喂奶。三个星期后，医生说，宇琪可以回家了。我和先生兴高采烈接她回家，却也开启了另一种担忧：她会像正常小孩一样发育吗？

一岁前的宇琪似乎什么事都比同年龄的小孩慢一些。别的宝宝三个月就会翻身、六个月就会坐，宇琪却要到五个月才会翻身、快八个月才可以坐正。婴儿时期的宇琪，脸上不太有表情，好像对她身边的环境，不是很有兴趣；当我们试着逗她玩的时候，她也很少回应，就连吃奶，都不是很感兴趣，常常有一搭没一搭地吸着奶，好像总是不饿。当别的孩子牙牙学语的时候，宇琪也不太喜欢尝试发音，不知道是对学说话没有兴趣，还是不会用声音表达自己的感觉。她比其他小孩更爱睡，睡醒的时候，也不像其他孩子一样活泼好动；同时也很少哭，即使哭也很小声，感觉连喝奶或哭的力气都没有。

我和先生对宇琪有太多的担心，担心她因为出生时的意外影响了此后的学习和生活。因此，我和先生特别关注婴儿的教养以及智力开发的相关研究，希望通过学习科学的知识，用科学的方法帮助宇琪健康成长。

·从体弱小娃，到哈佛提前录取

婴幼儿对事物的观察能力往往超乎我们的想象。为了更正确、更有效率地开发宇琪的脑力，我和先生认真读了许多有关婴幼儿早期脑力开发的书籍，以及教育孩子的相关研究论文。其中以哈佛婴幼儿教育中心（Center on the Developing Child，Harvard University）所做的研究，最具领导代表性。他们明确地指出，在教育零到五岁的婴幼儿时，必须注意以下三个最重要的概念。

第一点，体验婴幼儿脑智能形成（experiences build brain architecture）。哈佛大学研究报告指出，零到五岁的婴幼儿，大脑正不断迅速地发展，婴幼儿的大脑，是由无数个神经元（neurons）所组成，常用的脑神经元，将会迅速地茁壮成长，而不常用的脑神经，则会逐渐萎缩。零到五岁的婴幼儿，以超乎我们想象的速度，以点线面的架构，迅速地建立脑部智能网，就像我们盖房子一样，每一个部分的支架结构，都会交错影响其他部分。这个时期，我们必须提供婴幼儿足够精彩并且多元化的脑神经元刺激，才能帮助孩子建立完整的脑部智能网。婴幼儿脑部的发育，对孩子的将来学习能力，有着极大的影响。

第二点，交互式教育有效帮助婴幼儿脑智能网的发展（serve and return interaction shapes brain circuitry）。婴幼儿的大脑，是由无数个神经元所组成；而这些神经元，在婴幼儿阶段尚未完全成熟，还在不停地发育成长，这个时候父母如果能以交互式的教育来启发婴幼儿，他们的脑神经元，就会通过有效的鼓励刺激，形成精细的脑智能网（neural connections）。孩子这个阶段的脑力开发，决定孩子长大后的智力，以及在艺术及科学等各方面的学习能力。

第三点，负面压力影响脑神经健康成长（toxic stress derails healthy development）。哈佛婴幼儿教育中心的研究报告指出，婴幼儿如果长期处在负面压力的影响下，将会产生不良的激素，直接影响脑神经的成长，所以安全快乐的成长环境，对婴幼儿脑部健康成长，是非常重要的。我们在帮助婴幼儿发育完整的脑智能网时，必须格外注意以正面愉快的态度，来和婴幼儿互动。

专业的知识，对我们教育宇琪有极大的帮助。我和先生以新兴的科学理论为基础，配上教育心理学的实践原则，对宇琪施行高效率的婴幼儿教育，希望弥补宇琪出生时的高烧意外。

我们以韵味十足的中国唐诗，来启发并培养宇琪对声音的感受，以及语言的能力，并且用宇琪喜欢的益智玩具，像拼图、积木等，来提高她对周围环境的兴趣，进而自己动手，边做边玩，开发脑力。为了创造更愉快自然的学习环境，我们还常常带宇琪去不同的公园，像是海边或是森林公园，用大自然真实美妙的元素，来正面地刺激脑神经元的发展，进而有效地建立脑智能网。

　　我们当时无论如何不会想到，这保温箱中的体弱娃娃，十六年后会以优异的表现，被哈佛大学提前录取，并且主修脑神经科学；更从没想过，小时候木讷内向的宇琪，长大后会在哈佛就学期间，以她开朗的性格及专业知识，创办自己的医学生化公司，并荣获美国创投界著名的泰尔奖。

Box：

　　1. 对孩子充满信心，幼时给予科学启蒙，不间断地帮助和鼓励他，最终能到达他人生的顶峰！

　　2. 哈佛大学研究报告指出，零到五岁的婴幼儿，大脑正不断迅速地发展，这个阶段的脑力开发，决定孩子长大后的智力。

　　3. 泰尔奖学金（Thiel Fellowship）由美国硅谷著名投资人彼得·泰尔（Peter Thiel）创办于二〇一一年。彼得·泰尔为全球支付平台贝宝（PayPal）共同创始者，也是脸书（Face book）的第一位投资人。泰尔基金会每年从全世界几千名申请者中，选出不到百分之一的二十岁以下创业者，并提供十万美元奖学金，旨在鼓励有潜力的年轻人做出突破性的创新。

2

孩子不是宠物

记得六年前，宇琪说想养只狗当宠物，我们全家便去了温哥华郊区的宠物商店。我们到的时候，小小的黛西正在和另一只猫抱在一起，在地板上滚来滚去地玩，一看到我们，便立刻凑过来，躺在先生的脚边撒娇。先生说和黛西一见钟情，立刻就决定把黛西买回家，宇琪也特别兴奋地说："看它黄黄发亮的毛，真像个可爱的毛绒填充玩具狗，我们就叫它黛西吧。"

那时，宇阳还是个有点怕狗的小男孩，可能因为这个原因，黛西总觉得自己是宇阳的狗姐姐，什么都要跟宇阳做比较。每当宇阳不听话，先生和我生气地骂宇阳时，就是黛西最高兴的时候了。它总是围着我们，兴奋地跳来跳去，仿佛在说："宇阳不乖，我乖，你们不要理他了，我才是你们的宝贝乖女儿。"

· 宠物就是要尽情地宠爱

美国著名漫画家查尔斯·舒尔茨说："快乐就像只贴心的小狗。（Happiness is a warm puppy.）"狗是最温暖体贴的动物，它的爱是永恒并且纯净的，不附带任何条件，它们最大的愿望，就是二十四小时陪在主人的身边。养狗可以带给我们许多简单的快乐，我们可以准备美味的狗食给它吃；还可以去狗美容院，把它装扮得漂亮可爱，搂在怀里；或者买各式新奇夺目的狗玩具，陪着它在公园里玩耍。养狗最大的乐趣，就是我们可肆无忌惮、尽情地宠爱它。

北美养狗的外国人非常多，他们常常把狗当自己的孩子一般疼爱。在温哥华，现代化的托狗中心（Dog Day Care）随处可见，狗主人白天上班，怕自己的爱犬在家中无聊，便一早上班前将他们送到托狗中心去和别的狗玩，下班后，才去接狗一起回家。我的一个外国朋友便是这样，夫妻俩也不想生孩子，养了一只宝贝狗，天天送托狗中心。由于托狗中心价格不比托儿中心便宜，我便好奇地问他们为什么不生个孩子，岂不比给狗花钱有意义得多；没想到朋友反问我："你们为什么要养孩子？一个孩子从小养到大，要花的钱，比养狗多得多，还要教育孩子，劳心劳力，还不如养只狗——下班了，就可以开心地和狗玩，也不用担心没尽到教育孩子的责任。"

外国人生育小孩的观念和华人非常不相同，他们把生养小孩当作自己的责任，普遍认为"生育孩子是父母的权利，而教养小孩到成年，则是父母应该负起的责任"。在教养孩子的过程中，父母必须充满爱心与耐心，在尊重孩子是独立个体的前提下，竭力教导孩子所有生活的基本知识，进而全面培养其独立自主的能力。

刚移民来加拿大的华人，常常会很惊讶地发现，如果在公共场所大声责骂或体罚小孩，旁边的人可能马上会给警察或社会服务人员打电话，他们会立刻进行调查，看看父母亲人是否有不当的教育方式，或是否有虐待小孩的行为。孩子上学后，学校都会有课业及心理辅导员，他们的工作，就是定期在学校和孩子们聊天，看看孩子在课业上或生活上有什么问题，如果小孩子在和辅导员聊天的过程中，提到父母在家里很凶，或是有体罚他们的行为，那么学校的辅导员，就会立刻叫社会工作人员上门做家庭访问。他们上门后第一件事，就是先把孩子的衣服脱光，全身检查看看有没有伤痕，只要发现一点点因体罚而受伤的迹象，社会工作人员会立刻将孩子带走，由政府指派孩子的法定监护人，而父母则会接到一封信，明确被告知：他们已经失去了监护孩子的资格，但是必须依照法律，按月付政府照顾孩子的费用。所以只有真正喜欢孩子并且愿意花时间负担养育孩子责任的外国人，才会选择生养孩子。对于喜欢孩子的外国人来说，孩子在十八岁成年前，是他们和孩子相处的宝贵时光。他们非常享受和孩子在一起成长的时间，并且将养育孩子当作是一份重要的工作。因此，那些不愿意养育孩子的外国人，他们会选择养宠物，这样就只需要和宠物玩，不需要负起养育孩子沉重的义务了。

反观国内的一些家长，可能由于传统传宗接代的观念，觉得生孩子是一种义务，而教养孩子却不是自己应尽的责任，往往忽略了当我们选择生孩子的同时，我们对自己的孩子，就有了不可推卸的教养责任。现在国内的父母，常常觉得生孩子顶多就是一年的事儿，辛苦一年就可以了，而从来不考虑孩子之后的教养问题。父母为了忙事业，生完孩子后抛给老人或保姆带，给孩子的补偿就是金钱，满足孩子各种无理的要求，当孩子走向社会后，无法自立自足，总是向父母伸出求助的手。这样的生养态度，不但对不起自己的孩子，更为社会制造出严重的问题。

前阵子，在微信上流传着一篇文章《一个美国妈妈的困惑：中国孩子凭什么向父母要房》。西人父母没法理解中国"啃老族"的概念，为什么年轻人啃得理所当然，而老年人心甘情愿被啃。究其根源，在于中西方父母对养育孩子的认知和态度不同。

·有能力自我实现的孩子，才能拥有真正的快乐

多年前，先生的好友一家来我们家玩。他们和我们一样，有一儿一女，闲聊间，友人的太太很认真地问："你们觉得我该再生一个孩子，还是养条可爱的小狗？"我听了，不假思索地立刻回答："如果你这样做比较，就养条狗吧！"生小孩，养小孩，就不像养宠物那么轻松自在。孩子总有一天会长大成人，过着独立自主的生活。做父母的有责任教导孩子各种知识、生活技能，并培养其独立判断的能力；使孩子小时候，对自己的未来有进取心，长大后对家庭和社会有责任心。说实话，养孩子比养宠物要难太多了。养宠物，我们只需要做简单的训练（training），使它们融入我们的日常生活，之后，就可以尽情地宠爱它们；狗对主人忠诚无私的爱，使我们得到无比幸福的快乐感。而养孩子，我们却必须竭尽所能地教育（educating）他们，使其心智成熟，成长成材。如果我们只顾着自己的乐趣，放纵对子女的疼爱，而不全面正确地教育他们，孩子们或许会有一个快乐的童年，但绝不会有自信成功的人生；而做父母的我们，也会在之后的人生，不停地担心孩子无法独立自主、成熟地照顾自己和家人。

在北美住了二十多年，我深切体会到西方父母及华人父母对子女不同的态度和期望。西方父母，从小就把孩子当作是独立的个体，认为他们对自己的子女，有教养成人的责任，但只到"成人"。孩子高中毕业之后，就要搬出去租房子住，就连上大学的学费，往往都是自己办理学生贷款。对于西方父母来说，他们非常珍惜孩子成长过程中，与孩子相处的欢乐时光：他们会利用下班后的时间，做球队的义工教练，与孩子

一同练球；周末时，会带着孩子，随着球队，各处比赛。对于他们来说，与未成年子女的相处，是人生宝贵而又短暂的幸福时光。等孩子高中毕业后，自主独立，一切靠自己，更是理所当然的事，父母子女的关系，从此改变像是好朋友。所以，不特别喜欢孩子的西方夫妻，反而会选择养狗，责任少，花钱少，还得到更多的生活乐趣。

甘地说：最重要的学校是家庭，最重要的老师是父母。（There is no school equal to a decent home and no teacher equal to a virtuous parent.）在孩子成长的过程中，家庭教育是最重要的。孩子不是宠物，父母应该控制自己对子女的溺爱之心，正视做父母的责任，尽心竭力、全方位地正确教育子女，使他们成长为家庭的支柱、社会的栋梁，成为真正快乐的人。如果做父母的，放纵自己对孩子的疼爱，只会使孩子永远长不大，永远没有独立自主的能力。

Box :

1. 孩子与宠物不同，我们对孩子不仅有生育的权力，还有教育的责任及义务。

2. "关爱"不是"溺爱"，做父母的责任是帮助孩子成长为独立自主的人，使他们能够实现自我价值，拥有真正的快乐。

3

哭是最好的运动

　　宇琪两岁多的时候，我们又迎来了一个儿子宇阳。我们都叫他小虎：一是他生于虎年；二是他出生时，比一般小孩大很多，像只小老虎似的身强力壮。

　　长大后的宇阳，性格温和开朗，总是笑笑的，参加许多国际学术及音乐竞赛，拿到令人羡慕的冠军奖牌。朋友们都说我是个幸运的妈妈，可没有一个人想象得到，小时候的他是个性格暴躁、随时随地扯开嗓门大哭不止的孩子。

　　生宇阳之前，我还以为小孩都是像宇琪一样，安静而乖巧。宇琪到现在都还记得，弟弟小时候是如何不管时间、不分场合随时随地号啕大哭，常常连着哭喊一两个小时，连气都不喘一下，好像永远有满腹委屈，一定要所有人都注意到他对这世界有多不满。

　　对于一个年轻妈妈，宇阳似乎是上天派来考验我耐心和爱心的小恶魔。我试着用教女儿的方式教他、陪他念图画书，他一下就把书抢过去撕了，然后开始大哭；我买了音乐吊饰挂在他的娃娃床上，他却一把用力拉断，丢在地上；我带他去公园散步，一不合他的心意，他便躺在草地上连滚带爬地撒野。就这样，我常常被宇阳持续而惊人的哭闹烦得快疯了。有些时候，看着宇阳哭闹的样子，真想把他丢到垃圾桶里。

宇琪三岁那年的某个冬日，我带着她去社区活动中心上游泳课。宇琪在游泳池里学仰泳，我就抱着八个月大的宇阳，坐在游泳池旁边的椅子上等候。大概是等太久，宇阳有些不耐烦，开始在我怀里挣扎，并大哭起来，一不小心，竟然一把拉下一旁座位后方的消防警报器，顿时铃声大作，救生员赶快叫正在游泳的人们上来，要所有人立刻转移到冰天雪地的室外。我也被这突如其来的情况吓到了，一时不知所措，再看看怀里的宇阳，他大概也被铃声吓到，停止了哭闹，好奇地四下张望急忙往室外奔走的人群。

我抱着宇阳，赶快跑到救生员旁边，试着向他解释，是我的小孩不小心误触消防警报，不需要把大家都赶到寒冷的户外去。没想到救生员说，只要消防警报响起，在任何情况下，所有人都必须马上撤到室外，这是加拿大政府的规定，而且消防车马上就会抵达现场。

我的天啊！我走到屋外，看着身着泳衣、披着外套、在寒风中瑟缩发抖的宇琪和其他小朋友们，真是无地自容、欲哭无泪。

·孩子为什么哭闹

于是我开始翻阅有关婴幼儿哭闹的书，发现婴幼儿的情绪控制教育必须从襁褓中开始。在婴幼儿的启蒙教育中，情绪控制是很重要的一环。宾州州立大学潘姆拉教授，在他的儿童发展研究论文中特别指出，"情绪控制"对儿童发展有着决定性的影响，因为只有良好的情绪控制，才能带动孩子智力、体能，以及其他方面的发展。美国国家医学研究中心（National Research Council Institute of Medicine）所出的《从脑神经到生活环境》（*From Neurons To Neighborhoods*）这本书中，也明确地指出婴幼儿最需要帮助的学习主题，就是"情绪控制"，只有健康的情绪发展，才能使婴幼儿在充满正能量的学习心态下，发展出健康的脑神经，进而取得成功全面的学习。

　　婴幼儿时期不只是脑智能开发的关键期，更是情绪教育的黄金期。他们因为沟通能力有限，所以时常用"哭"来表达他们不愉快的心情，有些娃娃天生爱闹，哭是他们发泄情绪的最好途径。父母不必对小孩哭闹过分担心，也不必因为小孩在大庭广众下哭闹，觉得没面子而过度自责。但是父母也不能就这样放任孩子、撒手不管，而是要尽量弄清楚孩子为什么哭闹：如果是因为身体的需要，像是饿了、尿布湿了，就要尽量满足；如果只是情绪化的胡乱哭闹，就不必理会，坚定立场。

　　近年来，国内许多幼儿教育专家特别强调爱的教育，他们认为，小孩一定要在爱的环境下长大。这样的观点并没有错，充分的爱，会使幼儿感到安全，进而在愉快的心情下，发展健全的人格。但如果爱的没有界限，失去原则，就变成了乱爱溺爱，在错误的爱的教育下，孩子小时候无理取闹，长大后任性妄为，无法适应社会，就真的应了"爱之实害之"这至理名言了。

　　父母也需理解，每个孩子对于情绪的表达方式都不同。有的孩子像宇琪一样，天生性情平和，喜怒哀乐的表达也较为和缓；有的孩子则是像宇阳一样，天生精力充沛、感情丰富，情绪的表达也非常极端，稍不顺心，便要大哭大闹。这样的孩子如果不及早施与情绪管理教育，不仅会阻碍婴幼儿脑神经的发展，直接影响智能的发展，还会形成任性、执拗、侵略性、攻击性等偏颇性格，将来在社会上与人相处都可能成问题。

　　宇阳出生后那段时间，正值先生白天要上班、晚上写博士论文的忙碌时期，他无暇为我多分担，而宇阳还时常不分昼夜、不明所以地大声哭闹。当时为了怕吵到先生短暂的睡眠时间，我便带着宇琪、宇阳睡在另一个房间。宇琪通常是很乖的，可有天晚上，不知为什么，在我好不容易哄睡了宇阳总算可以跟着小睡片刻时，宇琪却突然惊醒，小声地哭了一下，立刻就将刚睡着的宇阳吵醒，大哭了起来。我实在又累又气，便无力地坐在床上，跟着他们一起哭。

排除了生理需求与天性等因素，幸好大多时候，我并没有因为怕孩子哭闹而惯坏了他们。我只在一开始稍加安慰，并厘清原因，如果孩子依然故我，我便不再理睬。许多父母及祖父母，生怕孩子"哭出病来"，只要小孩一哭，就全家竭力去哄，这样不但剥夺了孩子以哭来发泄情绪的权利，往往也令孩子到头来忘了自己为什么哭，反而把哭当作要挟父母的手段，来达到为所欲为的目的。

·给孩子有限制的自由

西方幼儿教育书籍常提到所谓"两岁反抗期"（trouble two），即两岁左右的孩子，总对照顾他们的人说"不要"。美国著名的亲子教育杂志《父母》（*Parents*）也在《如何反制两岁的叛逆小孩》（*How To Tackle the Terrible Twos*）这篇文章中，特别教导父母们如何有智慧地引导孩子，使其身心健康地度过两岁反抗期。

不同于中文，英文对小孩子突然暴躁发脾气有一个专有的名词叫情绪失控（temper tantrum）。亲子教育杂志《父母》在文章中，解释了两岁的孩子时常有情绪失控是因为他们语言能力尚未发展健全，所以只能用哭闹来表达他们不满的情绪，这样的现象会随着他们语言能力的提高而逐渐好转，父母不需要特别在意，否则，就是变相地鼓励孩子做出更多这种胡乱发脾气的不当行为。

两岁的幼儿，虽然各方面能力不足，但他们也希望主宰自己的一切，这个时期，父母必须开始培养孩子独立处理情绪的能力，而不是因为害怕他们无端的哭闹，而放弃了管教的原则。婴幼儿也希望主宰自己的一切，随意、胡乱哭闹，正是在试探他们的自由是否有界限。幼儿教育家蒙台梭利博士特别指出，必须给幼儿"有限制的自由"，绝不能因为怕孩子哭闹而任其为所欲为。

　　不同的孩子，对自己情绪管理的能力，也有先天性的不同。宇琪只会温和地试探一下自由的界限；宇阳则不然，两岁多的他难教极了，总以大哭大闹为手段，来扩张自己独立自主的"版图"。有一次，宇琪用优酪乳的瓶罐做了一个像汽车一样的小玩具，要交到学校当美劳作品。宇阳看了喜欢，非要抢过来玩，我们好言相劝，说姐姐的作品，费了好多工夫，要交给老师评分的，不能给他玩，但我们可以去买个类似的小汽车给他。但宇阳说什么也不听，躺在地上大哭，声音大到连屋顶都要震掀了。这下，我们再没人安慰他了，等他大哭了一个多小时终于哭累了，我便严肃地告诉他："大哭撒野绝对得不到你想要的，原本我们想给你买个玩具小汽车，但因为你无理取闹，什么玩具也不买了。"两岁多的宇阳，虽然不全了解我的道理，但却深刻地明白了，大哭大闹不但得不到他想要的，连原本可以有的新玩具，这下也哭没了。

　　哈佛心理学教授斯金纳（B. F. Skinner）提出的教育心理学理论"操作性条件反射"（operant conditioning），指出鼓励（reinforcement）及惩罚（punishment）的重要性。如果父母能够持续对孩子好的行为，予以鼓励，那么这种好的行为，在孩子心中就会通过鼓励与增强而被学习，从而成为习惯；相反，如果父母能够持续对孩子不好的行为，施以惩罚或不予理会，孩子就会避免做出这类行为。久而久之，在孩子心中就形成了条件反射，多做会被鼓励的事，而不做不好的事。对于哭闹的婴幼儿，如果是像宇阳这样情绪反应激烈的孩子，绝不可以因为溺爱而纵容，必须冷处理，使他明白，无理的胡乱哭闹，是不会有人搭理的。

"哭"是人类表达不满情绪的自然方式。婴幼儿时期，由于语言及其他方面的能力尚未完全发展，"哭"更成为他们发泄情绪的唯一方式。即使是成年人，心情不愉快时，有时放声大哭一场，立刻就感觉心情舒畅多了，婴幼儿更是如此。他们用力大哭后，不但可以发泄心中的不愉快，更可以间接地发泄过多的体力，往往哭过以后，吃得更香，睡得更熟。哭是孩子最好的运动，家长如果过分关心，让胡闹的孩子为所欲为，便是变相地对他们做错的事进行鼓励，是不可能有机会实践成功教育的。

Box：

1. 哭是孩子最好的运动，绝不能因为怕孩子哭闹，而对错误的行为进行鼓励。给孩子的应该是"无限制的关爱，有限制的自由"。

2. 操作性条件反射

· 正向鼓励：孩子做出好的行为，就增加他喜爱的（通常是愉快的）刺激。如：给予奖励。

· 负向鼓励：孩子做出好的行为，就减少他不喜欢的刺激。如：越快完成功课，就能越快去玩。

· 正向惩罚：孩子做出不好的行为，就增加他厌恶的刺激。如：乱丢玩具，就整理房间，直到不再脏乱。

· 负向惩罚：孩子做出不好的行为，就减少他喜爱的刺激。如：大哭大闹，就不买玩具。

· 不予理会（ extinction ）：孩子做出不好的行为，就停止所有刺激。如：无理哭闹时，不予理会。

4

浪费的 90% 脑智能

哈佛著名教授威廉·詹姆斯指出，人类最多只用了 10% 的脑智能，而任由剩下的 90% 荒芜萎缩。在著名的脑神经医学杂志《神经心理学评论》（*Neuropsychology Review*）发表的研究报告《脑神经发育的要素》（*The Basics of Brain Development*）中也特别提到，脑神经的发展，不单单只受遗传基因影响，周围环境对早期的脑部发育，也非常重要。

从婴儿到入学前的六年，是脑细胞最活跃的时期，脑智能的发展，不但需要均衡的营养，更需要接触大量多彩多姿的刺激（stimuli），使得大脑各区域的细胞（neurons）及突触（synapse）迅速增长，形成高效率的神经回路。孩子的大脑，就像是一个正在成长的互联网，需要有关视觉、听觉、嗅觉、味觉、触觉、语言、运动、精神及思维的资讯输入，才能茁壮成长，如果没有充分并全面性的资讯输入，大量的脑细胞及突触便会因为不被使用而逐渐萎缩，成为那被浪费掉的 90% 脑智能。

婴儿一出生，除了会吃奶和睡觉外，更会本能地学习说话及走路，对周围环境充满好奇心，积极并且热切地去探索这个新世界，这正是脑细胞活跃发展的表现，不同种类的脑细胞需要不同的刺激，才能长出适当的突触，形成正确的神经回路，进而有效地储存及传递各种信息，而信息在脑中储存的容量及传送的速度正是决定孩子聪明与否的重要因素。

由于宇琪出生时高烧意外，一出生就住在保温箱中，出院后，她的脸上没有什么表情的变化，先生和我非常担心，生怕出生时的意外高烧事件，影响了宇琪的正常发育。正因为如此，我们更加认真地研究所有婴幼儿教育的书，希望借由后天的开发及教育，将宇琪出生时高烧事件可能产生的后遗症，降到最低，更希望能够把握黄金智力开发期，帮助她聪明又健康地成长。

通过科学的研究，我们主要从以下几个方面影响她。

·背诵古诗词，开发记忆力

宇琪小时候不太爱说话，不知道是天生性格内向，还是语言能力发育较慢，为了使宇琪的和正常孩子一样，我每天都特别认真地跟她说话，念唐诗给她听。终于，宇琪对我的声音渐渐有反应了。几个月过去后，宇琪也开始尝试说话了。我意外地发现，她虽然有些口齿不清，但记忆力却很好，我念的唐诗，只要重复几遍，她就能记住。宇琪最喜欢的唐诗，是骆宾王的《咏鹅》：

鹅，鹅，鹅，曲项向天歌。白毛浮绿水，红掌拨清波。

为了增加宇琪对唐诗的兴趣，我总是拿着有白鹅的图画书，边指着鹅的图片，边念这首《咏鹅》；我也时常带宇琪到儿童动物园中有鹅的池塘边，重复念这首诗，希望宇琪能明白，诗中的鹅，就是池塘边的鹅。为了使这首唐诗念起来更像儿歌，我将最后一个"波"字改成了"波、波、波"三个字。每回读到"波、波、波"，我就用欢乐的声音，配上双手的动作，在宇琪面前上下摆动。每次念完这首诗，宇琪总是非常兴奋地和我一起假装是白鹅，高兴地挥舞双手，齐喊"波、波、波"。

看到宇琪喜欢读唐诗，我也觉得非常兴奋，因为我的父亲对国学很有研究，也非常喜欢吟诵古诗词，所以家中原本就有许多有关唐诗宋词的书籍，我便高高兴兴地把它们都找了出来，并且将浅显易懂、适合小孩子背诵的诗词，逐一抄写在"宇琪诗词笔记本"中，里面有王维的《鹿柴》、孟浩然的《春晓》、杜甫的《赠花卿》、李白的《将进酒》、李清照的《一剪梅》等著名古诗词。平时我陪宇琪玩的时候，就不断重复背诵古诗给她听。宇琪在两岁多时，已经会背三四十首古诗词。

中国的古诗词，韵味十足，朗朗上口，对于锻炼幼儿的记忆力，有很大的帮助。以唐诗为例，就有许多简单并且容易记忆的诗，比如李白的《静夜思》："床前明月光，疑是地上霜。举头望明月，低头思故乡。"这首诗不但适合口齿仍不是很清晰的幼儿背诵，还可以用来开发幼儿敏感的听力，锻炼听觉记忆，更可以加强练习与发音有关的肌肉，帮助孩子更自然迅速地学会正确地发声。此时，如果家长或老师，可以适当配上音乐及动作，就能够更多方面地刺激孩子的感官，进而帮助小宝宝在愉快的气氛中，借由感官刺激，尽早开发与生俱来的脑智能，并且有效地从小锻炼过人的记忆力。

除了教宇琪背唐诗，我也常常从图书馆借幼儿图画故事书，念给宇琪听，或是在玩具店，买具有各种各样鲜艳色彩、会发出声音，或是具有特殊触感的玩具，希望能多刺激宇琪的感官，促进她不同部位脑细胞的发展。

· 用趣味拼图，增加孩子的动手能力

偶然间，我发现宇琪特别喜欢拼图。于是，从简单的动物拼图到复杂的世界地图，只要是她喜欢的，我就都买下来。宇琪拼图的速度非常快，甚至比大人都快。拼的过程中，宇琪像是根本不需要看拼图上的画面，就知道该将拼图的画面放在哪里。我和先生好奇地把拼图反过来，给她没有图案的一面，我们才惊奇地发现，原来两岁的宇琪拼图的方法和大人不同，她不是按照拼图的画面去拼，而是记住了每个图片的形状和位置，所以可以快速拼好。这也给了我们很大的启发，开始认真地从孩子的学习角度，来研究最有效率的幼儿教育方法，希望能够帮助宇琪开发学习能力。

小孩子学习的方式和成人不同，他们善于全面利用视觉、听觉、嗅觉、味觉、触觉五感来认知及学习，而成人们则大多偏重视觉学习，并且常按照既有的方式来解决问题，比如拼图，我们多半按照拼图上的图样，拼出我们认为有意义的图像，但小孩子不完全明白图像的完整性，更多注意到的是每片拼图的形状及位置的关系，反而比我们拼得更快更好。同样的道理，在教婴幼儿新知时，我们不应该限制孩子的思考方式，应该以更开放的心态，充分利用五感来刺激启发孩子的学习潜能。

· 多彩多姿的大自然，能有效开发婴幼儿脑智能

温哥华的春天，气候宜人，百花盛开，芳香四溢，许多公园里，都绽放着美丽的樱花。那时，宇琪已经三四个月大了，我们常常将她放在婴儿车里，推着她去家附近的公园里玩。躺在婴儿车里的宇琪，一下子

就被大自然的鸟语花香所吸引，扭动着小小的身体，似乎想坐起来看看这个充满新奇事物的户外世界。除了家附近的公园，我们也常常带宇琪去海滨公园——咸咸的海水，有完全不同的味道，可以刺激开发宇琪的嗅觉神经。悠闲自在的海鸥，时不时地从宇琪身旁飞过，令宇琪睁大眼睛，仿佛想说："哇，怎么有会飞的东西？"

当今的父母，普遍明白幼教的重要，会买五颜六色的玩具，或播放莫扎特幼教音乐给小宝宝听。但是人为的教学器材所能涵盖的范围有限，尤其是婴幼儿时期的孩子，不善于系统化学习。他们的大脑，就像一个尚未开启的新式计算机，等着接收各式各样的初始指令。所不同的是，人造的计算机有固定的记忆体，而宝宝们的大脑，却是随时根据感官神经所输入的刺激而茁壮成长。这个时候，除了传统的室内婴幼儿活动，"户外教学"是最有效开启智力的方式了。

每一个新生儿的小脑袋中，都有着亿万个蓄势待发的脑细胞，随时等着新的刺激，好用来产生新的细胞成长指令。许多保守传统的父母，因为怕新生儿抵抗力弱，所以保护得太周到，成天待在家中，不敢让小娃娃接触新的事物，生怕感染细菌。其实，从医学的角度来说，也普遍认为小时候接触多种细菌或病毒，会刺激孩子免疫系统的成长，反而更不容易生病；从脑细胞开发的观点来说，更要提早接触各式各样的颜色、声音、味道以及各种触感不同的实体，才能成功地刺激婴儿感官细胞及神经系统的发展。反之，如果我们从小就给新生儿一成不变的生活空间，孩子绝大多数的脑细胞，则会因为不被需要而自然坏死，成为"浪费的脑细胞"。

我和先生发现，我们只要给宇琪接触不同的新事物，便会帮助原本表情呆板的她，开始对周围的事物产生好奇心，想更进一步的探索这个有趣的新世界。那年夏天，宇琪才六个月大，为了使宇琪接触到更多不同的事物，我们便决定带着她自助旅游，去离我们家不算太远的加拿大班夫国家公园玩，希望奇妙的大自然，能够提供给宇琪更多在家里学不到的东西。

班夫国家公园位于温哥华所属的不列颠哥伦比亚省（British Columbia）及邻近阿尔伯塔省（Alberta）的边界，坐落在宏伟的落基山脉中。占地几千平方公里的班夫国家公园，以路易斯湖为中心，有着无数美不胜收的风景，冰川、湖泊、瀑布、峡谷，再加上落基山脉特有的动植物，美丽的路易斯湖汇集了顺流下来的晶莹雪水，在大自然的洗涤下，天然矿石巧妙和谐地汇入冰川湖中，使得路易斯湖水闪烁着如宝石一般梦幻神奇的色彩，有如世外桃源，不身临其境，无法体会那有如蓬莱仙境的美。

从我们家开车到班夫国家公园的路易斯湖，需要十一个小时，由于加拿大非常重视婴幼儿行车安全，规定孩子一定要坐在婴儿安全座椅上，不准家长抱着孩子坐在车里。刚开始，我们有点担心宇琪会哭闹，不好好坐在婴儿椅中，没想到因为旅途中新奇的事物太多，宇琪基本上沿路开车睡、停车醒。她小小的脑瓜不用多久就明白，只要一停车就会看到截然不同的自然风光，好玩的新奇事物，所以不哭也不闹，乖乖坐在婴儿椅中，等着开车到下一个景点玩。还记得我们为了方便带着六个月大的宇琪，畅游班夫国家公园的山光水色，特别买了登山时可以背着小孩的婴儿架，带宇琪在落基山脉美不胜收的自然风光中健行，沿途看到了无数落基山脉中特有的动物及罕见的花草。小小的宇琪虽然还不会走也不会爬，但坐在爸爸背的登山婴儿架中，看着各种新奇的事物，不时地发出惊叹的声音，仿佛在说："哇，这真是个奇妙的世界。"

仅仅一个星期的班夫之旅，却对小小的宇琪有着极大的改变，她明显地会发出更多不同种类的声音，眼神也更加明亮灵活，似乎一下子长大了许多。我和先生开玩笑说，这短短一个星期，宇琪的小脑袋已经像计算机一样被大自然升级了（upgrade）。

·现代化的儿童游乐园，充满开发脑智能的声光特效

有了这样正面的旅游教育成果，先生和我更积极地计划开车带宇琪去美国加州的迪士尼乐园玩，听说那儿充满着令人意想不到的声光效果，一定会更进一步开发宇琪的脑智能；当然，先生和我也很高兴能去看看举世闻名的迪士尼乐园到底是个什么模样。

那一年的冬天，我们带着不满周岁的宇琪，来到了加州迪士尼乐园，这对刚从亚洲移民过来的我们，也是一个全新的体验。第一次来迪士尼乐园，我们根本不知道应该看着乐园的地图，事先计划玩的行程，只是带着宇琪在乐园区里瞎逛。我们不知不觉走进了浓厚欢乐气氛的米奇卡通城（Mickey's Toontown），只见宇琪被五彩缤纷的卡通人物吸引得目不暇接。还不会走路的宇琪，兴高采烈地指东指西，让我们带着她逛各个卡通人物的豪华的大型玩具屋，里面富有充满特色的小家具及生动可爱的玩偶，正适合未满周岁的宇琪参观玩乐。

米奇卡通城中有一个前进速度缓慢的开放式卡通旅游巴士，我们玩累了，就坐在卡通巴士上，来来回回地逛米奇卡通城，不时有五颜六色、造型奇特的卡通人物经过，宇琪非常兴奋地坐在卡通旅游车上，东看西看，仿佛来到了什么不可思议的新世界。就这样我们在米奇卡通城玩了一整天，直到傍晚出乐园时才发现，原来米奇卡通城只是迪士尼乐园的一小部分，其他不同的特色主题区，像明日世界（Tomorrow Land）、冒险世界（Adventure Land）、幻想世界（Fantasy Land）和边疆世界（Frontier Land），我们根本连看都没看到。数年后，我们和去过迪士尼乐园的朋友们提起这事，他们无不笑得前俯后仰，说我们太浪费难得一次的迪士尼之旅，但先生和我却觉得物超所值，米奇卡通城集合了刺激小小孩脑力开发所需要的各种色彩、音乐、形状及造型，正是十一个月大的宇琪最需要的智力开发要素。

国内的许多游乐园，安全设施并没有很充分，所以当我们带孩子去游乐园时，必须特别注意选择有世界性安全标准的游乐园，以确保孩子在足够安全的环境下，边玩边开发智力。

不是只有成人需要读万卷书行万里路，婴儿更需要读万卷书行万里路，才能在关键的早期智力开发时期，充分开发脑智能。脑神经在新生儿出生后到一岁之间，会自然多产（over produce），以便应付可能面对新的环境变化，但绝大部分的新生儿都被保护得过于完美，在缺少新奇刺激的环境下，不被使用的脑细胞便自然退化萎缩，成为被浪费的脑智能。现在回想起来，我们因为宇琪出生时的高烧意外而格外重视早期脑力开发，按照最新脑神经研究结果来开发宇琪的脑智能，真是因祸得福，用最科学的方法，使我们的宝贝女儿更聪明。宇琪在哈佛正是脑神经专科（neuron biology）的高才生，希望在不久的将来，能找到更多成功开发脑智能的方法，造福人类。

Box：

1. 哈佛著名教授威廉·詹姆斯指出，人类最多只用了 10% 的脑智能，而任由剩下的 90% 荒芜萎缩。如果我们给新生儿一成不变的生活空间，绝大多数的脑细胞，会因为不被需要，而自然坏死，成为"浪费的脑细胞"。

2. 婴幼儿时期，孩子的脑细胞正在快速成长，是开发脑智能的关键期。脑细胞开发的途径有：阅读、旅行、智能玩具以及具有声光电刺激的安全游乐园等。

5

精致教育——养、带、教

二十多年前，国人由于普遍经济环境不好，每个人都忙着为生活奔波，没有多余的时间管孩子，只希望能让自己的孩子衣食无缺，把孩子好好"养"大就满足了。近十几年来，随着经济条件的富足，除了有爷爷奶奶、外公外婆帮着照顾孩子，也有不少女性选择在家里做全职妈妈，除了无微不至地照顾孩子的衣食起居，更为孩子安排各种各样丰富多彩的活动，把做父母的角色，从提供衣食的"养孩子"提升为计划生活的"带孩子"——带着孩子参加活动，带着孩子旅游，带着孩子吃美食，带着孩子享受生活。但是孩子的学习黄金时期，非常有限，并且绝大部分的黄金学习时间，都是在家庭中与父母及亲人相处的时间，如果我们不能好好把握利用日常生活的时间"教"孩子，一旦孩子长大，过了学习各种知识及技能的关键期，就无法再有显著的成效，之后，后悔也来不及了。

· **充分利用与孩子朝夕相处的时间，寓教于乐**

生活中有许多教孩子的好时机，比如两三岁的幼童，常常拿着食物玩却不往嘴里放，做家长的，与其焦虑孩子不好好吃饭，不如放轻松，边玩边喂。其实孩子不吃，往往就是不怎么饿，不想乖乖坐着吃饭，想玩。当小娃娃拿着食物当玩具，摆在盘子上玩，正好可以用不同的食物，教孩子数数及简单的加减法。例如：一颗葡萄，加上另一颗葡萄，等于两颗葡萄，妈妈吃掉了一颗，还剩几颗？宝宝再吃掉一颗，没有葡萄了，葡萄到哪里去了？到了妈妈和宝宝的肚子里去了。这样与孩子边玩、边吃、边教，不但充分利用生活中具体的东西，建立了孩子对数字的概念，更在游乐之间，使孩子对吃东西，提高了兴趣。许多幼儿，吃个饭得花上一小时，妈妈常常坐在旁边，生气地说："快点吃，快点吃！"孩子却当耳边风。如果妈妈能转个重点，换个方式，用欢乐的态度，以教学为主旨，必定能吸引孩子的注意，将不专心吃饭所浪费的时间，成功地转为有效率的学习。如果此时，妈妈能再配上写有阿拉伯数字的卡片，边数数，边指出相对应的实物，这就更有效果了。反正也是陪着小宝宝吃饭，何不把握时间边吃，边玩，边教？下一次，小宝宝可能会主动要求吃饭了！

· 几岁的孩子可以开始教与学

几岁的孩子可以开始教与学？这是所有认真的妈妈，最常问的问题。答案是：会玩、会与人沟通的孩子，就可以开始教，就可以开始学。小孩子大多对周围的环境充满好奇心，刚出生的小婴儿，虽然还不会走动，但他们常摆动着小脑袋，想要多看看身旁的新鲜事物；手舞足蹈的，想要和我们玩耍。两三岁的孩子，可以自由地走动，探索这个新奇的世界。他们对身旁的人和事充满好奇，这个时候，如果我们做家长的，能够配合孩子语言能力的发展，以身边的实物为例，边陪孩子玩，边进行中英文双语教学，比如说一边喂小宝宝吃桃，一边指着桃说"peach、桃"，这样重复几次，小宝宝就能够明白"桃"也叫"peach"，是好吃的东西。如果我们能同时用中英识字卡，同时教孩子认中文字"桃"，及英文词"peach"，对孩子来说，他们不觉得是在学认字，只觉得爸爸妈妈或爷爷奶奶在和他们玩美味的游戏，并且非常享受这样被大人们认真关注的快乐气氛，不但自然地学会了许多中英字词，更在亲子游戏中，建立与家人亲密安全的感情。

　　由于我对教育特别感兴趣，所以做妈妈后，每天都在观察孩子的智力发展到了什么阶段，可以学什么样的知识了，并且随时利用手边的实物，将教学融合在生活之中。我也常常买各种各样的益智玩具，边陪孩子玩，边教他们可以理解学习的知识。在我的教学理念中，并没有什么特定的目标，只是觉得，不要浪费了孩子的时间及潜能。孩子小，必须有人天天陪着，何不利用时间，教多少，算多少。宇琪、宇阳在我专心的陪伴及教导下，每天都很愉快充实，而我也因为每天研究改进教小宝宝的内容及方法，生活特别有目标，而不只是做饭带孩子，还是个认真负责的幼教老师。

·婴幼儿听学乐曲，更能长成音乐神童

　　宇琪三岁半时，我就送她去雅马哈的幼儿钢琴班开始学音乐，雅马哈钢琴幼教班对教小小孩音乐，有一套有趣又系统的方法，他们用可爱的豆芽菜磁铁，让孩子按照音符，找到所属五线谱的位置，再在钢琴上，弹出相对应的音，配上简单的童谣，将不同的音符联结在一起。这样的教学方式，使得抽象的音高及五线谱，变得生动活泼，充满趣味。宇琪很快就学会弹好几首有趣的儿歌，对音乐也充满兴趣。那时，

虽然宇阳才一岁多，但我也用宇琪上课时的教材，以同样的方法教宇阳，边玩、边教，边弹、边唱，很快地，宇阳也会了许多音符。钢琴就像是他的大玩具，常常跟姐姐抢着弹。没多久，宇阳自然而然地学会了姐姐弹的所有曲子。后来想想，宇阳异于常人的音乐天分，与幼儿时期的学习经历，有着必然的关系。音乐神童莫扎特也有同样的经历，他从小听姐姐学琴练琴，不到十岁，就已经是音乐大师。严格说起来，他们一岁多就开始接受正规的音乐训练，由于是在日常生活中不知不觉地学习，少了压力，多了兴趣，自然效果卓越，成为音乐神童。

教导一到五岁的幼儿学音乐，就像教他们学其他各种知识和技能一样，必须在愉快欢乐的气氛中进行，我们要时刻提醒自己，我们不是在教孩子学，而是提供孩子必要的学习资源及快乐的学习环境，使他们有机会发挥自己的潜能，不受限制地学习。

温哥华是个充满新移民的城市，许多妈妈专心地在家里照顾孩子，很多家庭都在孩子五岁的时候，便开始学钢琴。由于孩子太小，往往听不懂钢琴老师所教的较难理解的乐理及相关的乐曲，所以许多妈妈都跟着孩子一起上钢琴课，在课堂上记笔记，回家陪着孩子练琴，我也不例外。多年来，陪着宇琪、宇阳上钢琴及小提琴课，我虽然仍是不会弹，但却很会听，对乐曲在技巧上及艺术性的要求，往往比小孩子理解得深刻。宇琪、宇阳在家练琴时，如果方法有误，我可以及时修正，避免浪费时间重复错误的练习。之后，宇琪、宇阳参加各种音乐大赛，我们遇到许多优秀的小音乐家，闲聊之中，发现几乎每个小音乐家，都有一个伟大的爸爸或妈妈，以无比的爱心与耐心，跟着学，陪着练。原因很简单，因为学习音乐，必须把握幼年时的黄金关键期，而幼小的孩子，多半不能立刻理解老师所教的东西，必须靠父母反复加以解释，才能够明白。再加上小孩子没耐心重复练琴，必须有耐心的家长，适时循循善诱，才能坚持练习，学有所成。

　　学习体育，也是同样的道理。学龄前儿童，每天有大把玩的时间，扣掉学琴及练琴的时间，仍有许多空闲时间。宇琪、宇阳只相差两岁，我常把他们的游泳课安排在同一个游泳池，他们上不同年龄的游泳班，我也进到游泳池里边游边看，学习游泳老师的教学方式。加拿大的游泳教学，非常科学，总共分为十级，蛙式、自由式、仰式、蝶式四式并进；唯一的问题，是老师太过和蔼可亲，小孩子上游泳课往往不认真学，只顾着玩。所以，我常在游泳课后，仍留在游泳池中，边玩边和宇琪、宇阳复习老师上课教的东西。反正回家也没有什么特别的事，我们常常在游泳池里，多待一两个小时，把老师教的逐次复习，也借由运动发泄一下孩子旺盛的精力，回家后，好坐下来安静地学习。

　　说到读书，一般小学的内容，大部分的父母都会，如果能够适当将必学的知识，合理地融入小孩子的日常作息中，将"带"孩子的时间转为"教"孩子的时间，可以让孩子提早学会许多知识，建立对自己学习能力的信心。一般孩子的耐心有限，所以，最有效的学习方式，是交错轮换各种不同性质的活动及科目。我常将体育活动安排在课业学习或练习钢琴之中，往往还没等到宇琪、宇阳心生厌烦，就已经换成了另一种性质的活动。将"带小孩"转变为"教小孩"，最重要的是要注意以有趣欢乐的方式，来提高孩子的兴趣，让他们不觉得在学。而感到是父母一直在陪他们"玩"。这样，才能启发孩子对新知识的好奇心，以及对学习发自内心的主动性，并且及早建立自信心，进而发展正面乐观的人生态度。

　　正当宇琪已升级上高中，忙得没时间再多学任何额外的知识时，宇阳才刚上初中。加拿大初中生很轻松，那时，小小的他，已是国际钢琴大赛冠军得主，以及加拿大全国拼字大赛亚军，被各大中英媒体采访播报，是加拿大著名华裔神童。看着年仅十三岁的宇阳，做妈妈的我，心里忍不住想到"小时了了，大未必佳"这著名的成语，生怕宇阳太过自满，不思进取，长大后反而不如小时候杰出。于是，我又再一次的立定目标，拿出之前"带孩子"不如"教孩子"的精神，为宇阳制订了一系列的学习计划，从数学、物理、化学到英文、历史、地理，按照加拿大教育局的教学大纲，在家里系统地"教"宇阳。其实我也不是各科都会，只是很认真地替年少的宇阳，制订学习计划，再找合适的自学教材，所以宇阳没有虚度时光，充分把握黄金学习期，全面地充实了自己。

上了中学后，许多家长已经不太会孩子所学的课业内容，相对来说，也不容易知道孩子的学习进度和可能遇到的学习困难。这时候，只有多和老师沟通，多和孩子聊天，一旦发现孩子有学习上的困难，就要设法尽快帮助孩子，可以找合适的课外辅导教学。千万不要让孩子由实际的学习困难发展成学习上的心理障碍，进而影响未来的人格发展。

做妈妈以来，我一直秉持着"养孩子"不如"带孩子"、"带孩子"不如"教孩子"的原则，充分利用与孩子朝夕相处的时间，以"精致教育"的信念为主体，不但注意培养孩子优良的学习习惯，并且寓教于乐，力行"有效陪伴"，把握黄金学习期，帮助孩子提升多方面的能力，进而建立自信心，成功地走向乐观光明的人生。

Box：

1. 会玩，会与人沟通的孩子，就可以教，可以开始学习。

2. "养孩子"不如"带孩子"，"带孩子"不如"教孩子"，把知识融入到日常生活的细节中，力行"有效陪伴"，帮助孩子把握黄金学习期。

3. 数学、识字、音乐、体育各种学科知识轮换交叉，寓教于乐，陪孩子一起愉快地"玩"。

6

三岁看大，七岁看老

自从宇阳出生后，我们家就无时无刻不充斥着震耳欲聋的哭闹声。宇阳还不会说话时，我们甚至担心过他是不是身体哪里不舒服，说不出来，只好用哭来表达。但到了宇阳两三岁大开始会说话并正确地表达自己想法时，我们才真正确定他的大声哭闹，不是因为身体不适，而是因为有太多"不想做的事"。

· **敏锐察觉孩子的差异性**

不想待在婴儿床上睡觉，不想坐在娃娃车里出门，不想看儿童动画节目，不想去公园玩，不想听爸妈念故事书，不想上幼儿园，不想学游泳，不想上幼儿溜冰课……这也不要、那也不要，一般孩子喜欢的一切幼儿玩乐活动，宇阳都不爱，还常以大声哭闹来强烈反抗。宇琪小时候，最爱看美国著名的电视幼教节目《邦妮和她的朋友们》（*Barney & Friends*），剧中玩偶主人公邦妮通过有趣的儿歌及生动的舞蹈，将 A、B、C、D 和 1、2、3、4 等基本知识，边唱边跳地介绍给小朋友们。宇琪常常坐在电视机前，高兴地跟着邦妮又唱又跳。奇怪的是，宇阳到了同样的年龄，却极其讨厌看邦妮，只要我一打开这个深受欢迎的儿童节目，宇阳就像是看到什么恐怖片一样，立刻张嘴大哭。

宇琪小时候，就像绝大多数的孩子一样，喜欢我们念故事书给她听。等宇阳到了相同的年龄，我拿着相同的故事书念给他听，宇阳不但不喜欢，还激动地把故事书一把抢了去，用力丢到老远的地方，气呼呼看着我，仿佛在说："告诉你多少遍了，我不要听这个！"

我带着宇阳去参加温馨有趣的亲子游泳课，当别的小孩子跟着游泳教练在专为幼儿设计的迷你游泳池里，高兴地和妈妈吹着泡泡、玩水嬉戏时，宇阳却一动不动地站在游泳池旁，使劲抓着我的手，放声大哭，说什么也不肯下水去试一试。

以前我和先生研究幼儿教育时，总是着重于开发脑智能及学习潜力，想着如何能有效率地帮助宇琪在语言、数字、人文、科学各方面，快速地增加她的知识及能力，并且安排宇琪参加各种幼儿体育活动，像跳舞、游泳、溜冰、滑雪等，来锻炼并开发身体各部位肌肉及神经的协调性。宇琪也十分乖巧，除了有些过分文静，她非常受教，真是学什么像什么。

宇阳出生后，我们才真正见识了"不乖"的孩子，不论我们在家教他什么，他都大哭抗议，坚决不学。送他去参加幼儿游泳及溜冰课，就整堂课肆意大声哭闹，常常吓得没有老师愿意教他。为了改变宇阳顽劣罢学的天性，我和先生便开始认真研究"如何让不乖的孩子受教"。

·将幼儿权威导正为父母权威：纪律、界限、规矩

当我们开始翻阅有关这方面的专业幼教书，惊讶地发现，原来格

外重视儿童权益的西方世界，竟然有许多有关"父母的权威"（parental authority）及"幼儿的服从"（toddler obedience）的幼教教学报告，专门帮助像我们这种被孩子闹得不知所措的父母，教导我们如何及时纠正孩子的态度和行为。西方幼儿教育对幼儿不分场合和时间，肆意大哭大闹的行为，赋予了一个专有英文词组"Throw a Tantrum"（发脾气），并且明确指出，如果不及早纠正，将来会有严重的人格发展问题，无法形成正常的人际关系。

三岁是孩子心理成长的重要阶段，通常这个年龄的孩子，正跨出家庭，迈入幼儿园所准备的学校教育，开始与年龄相近的其他小朋友相处，学习除了和亲人以外的朋友及老师互动。在知识学习方面，也将由随意自由的家庭教育，转变为系统规范的学校教育。在零到三岁的婴幼儿阶段，父母要进行早期家庭教育，培养孩子适宜的性格，及良好的互动方式。有鉴于此，我和先生下定决心要在宇阳三岁前，教会他"幼儿的服从"，以及树立我们"父母的权威"。

制订了教育宇阳的方针后，我和先生不只是要消极地让宇阳明白，大哭大闹得不到他想要的，更要积极教育宇阳，该做的事、该学的东西，一定要做、一定要学，无论如何撒野，也不能抵赖、逃脱。

以读故事书为例，两岁大的宇阳，总想一把将故事书抢去，使劲丢到一边，摆明了要建立"幼儿权威"，好像在告诉我们，他才是"老大"，他说了算。为了纠正他，我们不但特意紧握着书，不给他有机会抢过去乱丢，还更大声地念书中的内容。刚开始，宇阳抢不到书，气急败坏地放声大哭，我们就不搭理他，任由他独自哭闹，直到他哭累了，我们又拿起同一本书，接着大声地念故事给他听。这样反复几次后，宇阳就明白，哭闹也是白费力气，不如一开始就安静听故事。消除了宇阳想让父母服从的心态，他才真正能静下心来，听我们为他读的故事书，慢慢地，他好像也开始喜欢听这些有趣的童话故事了。

·你看多好玩，一点也不可怕

温哥华是个热爱户外活动的城市，这里的许多父母从小就送孩子去雪山学滑雪。市区内的三座雪山，都有特别为幼儿准备的学习滑雪区，设备十分现代化，并且有完善的安全设备。

三岁左右的孩子，学滑雪似乎比学走路还容易。他们从坡度不大的小山丘滑下来后，便拿着自己的小小滑雪板，走上像大卖场推车用的电扶梯一样、专为初学孩子使用的电动"魔毯梯"（magic carpet lift），回到了山坡上，再重新穿上滑雪板，高兴地滑下小雪坡。看着别的小孩都一趟趟玩得尽兴，轮到了宇阳，却又成了惊恐可怕的活动。

首先，宇阳站在雪坡上，根本不愿往下滑，幸好有姐姐宇琪在前面，边哄着他，边做示范，宇阳也就战战兢兢、勉为其难地滑了下去。接下来，又有了新的挑战，宇阳根本走不上雪地中的魔毯梯，可能是看梯子在雪地中不停运转，宇阳生怕走上去就下不来了，便站在一旁，说什么也不上去。其实加拿大是最注重幼儿安全的国家之一，魔毯梯的速度又很慢，绝对没有危险，而且初学滑雪多会利用便利的魔毯梯，才能把握时间充分练习。先生看着宇阳站在魔毯梯旁说什么也不走上去，气急败坏地在雪山上对着宇阳大吼："宇阳，你立刻走上魔毯梯，不然我推你上去！"身旁好多学滑雪的小朋友及滑雪教练，都被先生严厉的责骂声吸引过来，紧盯着我们。我明白先生心中的生气及焦虑，他不只担心宇阳学不会滑雪，更为自己的儿子胆子太小、没出息而恼怒不已。在北美，不只不能在公共场所打孩子，也不可以大声骂孩子，不然，旁人一通电话告你虐待孩童，社工人员马上就来把孩子领走，并且对父母进行心理调查。我怕事情闹得不可收拾，赶紧叫先生带宇琪去滑雪，由我来陪着宇阳。

为了避免引起旁人的注意与干涉，我压低声音，用亲切鼓励的语气，配上坚定的态度及眼神，对着宇阳说："你看姐姐多么喜欢滑雪，只要你学会用魔毯梯，很快就会像姐姐滑得一样好，可以跟着姐姐一起去雪山中更漂亮更好玩的地方。"或许是在雄伟壮丽的雪山中，看到爸爸和姐姐都滑得很潇洒自在，再加上妈妈温柔而坚定的鼓励，宇阳终于鼓起勇气，走上了魔毯梯，我赶紧抓紧机会鼓励他："太棒了，宇阳，你看，多好玩，一点都不可怕。你和姐姐一样，会滑雪了。"

有一句古话："三岁看大，七岁看老。"意思就是说从三岁孩子的性格和态度，就能看出这个孩子在青少年时期的发展及成就，而七岁的孩子，聪明才智及生活习惯已经开始形成，很容易看出这个孩子中年以后的事业及成就。

孩子可能在小的时候，因为各种不同的原因拒绝学习。做父母的，在排除掉孩子生理心理上的基本需求后，一定要正视这个问题，千万不能以"孩子还小"作为借口，原谅并且纵容孩子胡乱撒野的不当行为。

每个孩子天生性格不同，有的孩子天性喜欢尝试新奇的事物，所以学什么都快。有些孩子天生胆子就小，对于接触新的事物，第一反应就是害怕，这时候，家长必须有耐心，不可以操之过急地逼孩子练习，也不可以因为溺爱孩子而轻言放弃，必须着重建立孩子的信心，使他们在富有安全感的前提下，自己愿意尝试新的活动，进而通过正确的学习，增加自己的才能，并获得成就感，从小培养乐于学习的好习惯。

Box：

1. 敏锐察觉孩子的差异性，尤其二胎父母，要针对不同孩子的特点采用不同的教养方式。

2. 形成"父母权威"，让孩子明白，大哭大闹得不到他想要的。该做的事、该学的东西，一定要做、一定要学，无论如何撒野，也不能抵赖、逃脱。

7

启蒙教育三大致命伤

"用这个香香的肥皂洗澡，好吗？"温柔慈爱的奶奶，低声下气地求着她的孙女洗澡。看似只有两三岁的小丫头，像个小霸王似的，站在更衣室的椅子上，冲着她奶奶，毫不客气地大叫："不要！"奶奶又轻声细语地求着小孙女："先把湿的游泳衣脱了，冲冲热水，不要感冒了，好吗？"这次小女孩更野蛮，从椅子上跳下来，在更衣室里又跑又叫地说："不要，不要。"可怜的老奶奶，在湿滑的更衣室中，紧紧地跟着骄纵的小孙女，生怕她滑倒了。我在一旁，实在看不过去了，严肃地对这个任性无礼的小女孩说："在游泳池的更衣室中，不可以乱跑。"小女孩似乎被我突如其来的教训声给镇住了，一动也不动地看着我；我立刻接着说："游完泳，全身湿答答的，就是要在更衣室冲个热水澡，换上干净的衣服，你应该谢谢奶奶在这儿陪着你，等着给你洗澡，而不是让年纪大的奶奶，在容易滑倒的更衣室小跑追着保护你。万一奶奶不小心滑倒摔伤了，你知道怎么照顾奶奶吗？"这个被惯坏的小女孩，估计是没有完全听懂我说的大道理，但是已经充分明白："不可以在游泳池的更衣室中乱跑""不可以让年纪大的奶奶，在这里滑倒摔伤"。这时，奶奶看到小孙女不再乱跑，对我点头致谢后，就赶紧抱着难得听话的孙女去冲热水澡了。长一辈的比如奶奶带孩子，往往自己再辛苦都舍不得骂孩子，孩子被惯坏了，只知道自己胡闹玩耍，根本不知道体谅大人照顾他的辛劳；久而久之，孩子认为什么都是理所当然，完全没有办法学会感恩，长大后必然造成更大的家庭及社会问题。

·无条件的爱，有边界的自由

美国加州洛杉矶医学院的研究报告指出，婴幼儿的情绪变化，直接影响他们身体的发育，常常怀有安全愉快心情的孩子，更容易发育出健康的免疫系统及强健的心肺功能。（positive emotional states are thought to be associated with healthier patterns of responding in both cardiovascular activity and the immune system.）父母给孩子充分并且无条件的爱，是孩子幸福安全的源泉，对于孩子身心健康的发展，都非常重要。但是要特别注意"爱的方式"，如果让孩子误以为可以利用父母无条件的爱，来达到自己为所欲为的无理要求，那原本无私的父母爱，反而会误导孩子发展出错误的人格。

·启蒙教育的第一致命伤：无边界的自由

讲到启蒙教育，一般会立刻联想到有关智商的启蒙教育，例如语言、科学甚至美术、音乐方面的启蒙教育，但却很少有人想到有关情商的启蒙教育。给孩子充分的爱和关怀，应该是最基本的情商启蒙教育。可惜的是，大多数的中国父母以及祖父母，自然地将"无条件的爱"，改为"无边界的自由"。西方有个著名的幼教名词"麻烦的两岁小孩"，就生动传神地指出，还不太说会说话的两岁孩子，就已经知道利用各种不乖的行为，去试探父母的爱去试探父母爱的界线。这时候，如果做父母的我们，没有体会到孩子的试探企图，而持续以"无条件的爱"容忍无理取闹的孩子，便是不经意地放纵孩子"无边界的自由"，也正是实行了最错误的情商启蒙教育。一个连话都还说不清楚的两岁孩子，如果感受到父母会无条件地爱他、听任其一切不听话的行为，很容易从小养成为所欲为的性格。

想要在未来的日子，实行成功的教育，必须在孩子小的时候，培养他"受教"的习惯，如果我们连自己两岁的"小"孩子，都管不了，如何痴心妄想，将来可以管好十几二十岁的"大"孩子呢？因此，启蒙教育的第一个致命伤，就是"无边界的自由"。

·启蒙教育的第二致命伤：过度保护

宇琪与宇阳小的时候，因为没有长辈帮忙带孩子，所以不论我到哪里，都要带着他俩一起去。因为温哥华的小区健身中心及游泳池设备非常好，所以自从移民来温哥华后，我就有游泳健身的习惯。但自从宇琪与宇阳出生后，自己外出健身似乎是不太可能了，所以我只好选择可以带着小孩子的游泳健身时段，带着他们一起去。温哥华许多外国妈妈，也和我一样带着孩子去游泳健身，所不同的是，他们的孩子总是可以乖乖坐在婴儿车里，东看西看地等着妈妈。但是宇琪与宇阳，就没那么好。宇琪还算乖，会等我十多分钟之后，再开始小声地吵闹。但是宇阳就完全没有耐心，只要一把他放在婴儿车上，他便开始大哭大闹地往外爬，仿佛婴儿车是什么可怕的婴儿监狱，他一秒也不肯待在里面。记得当时有个外国妈妈，看到这样的情形，非常同情地跟我说："你在家里，不要对小孩保护得太多了，对孩子保护得太多，会让他分分秒秒地想黏着妈妈，反而让孩子失去了许多自己去接触周围环境、自我学习的机会。"听那位外国妈妈这样说，我还蛮惊讶的。当时，我其实是个年轻妈妈，虽然照顾孩子也很认真，但在大多数国内的父母以及祖父母眼中，我对孩子的保护和照顾可能远远不够。但是同样的照顾却令外国妈妈觉得，一定是我对孩子保护照顾得太过了，所以孩子才会时时刻刻地等待妈妈的关怀。

启蒙教育的正确步骤是先"情商"而后"智商"，许多幼教专家，会强调利用孩子的五种感官，来开发他们的智力，也就是让孩子及早接触各种各样的刺激及变化，用来达到提早开发脑智能的目的。想想，大部分的中国父母，对孩子的日常生活照顾得无微不至，生怕不熟悉的东西，有可能会对孩子造成意想不到的伤害。说穿了，就是连父母自己都害怕让孩子接触新的事物，孩子又怎么可能有机会在婴幼儿时期，接触到更多新鲜的事物呢？过多的照顾及保护，使得孩子习惯性地待在熟悉的环境中，享受父母无微不至的关怀，而不会去主动探索周围新奇的事物，是不可能及时又有效地开发婴幼儿的脑智能的。所以，启蒙教育的第二个致命伤，就是"过多的保护"。

·启蒙教育的第三致命伤：太过依赖早教机构

大多数人的启蒙教育，都是在婴幼儿时期，经由五种感官的刺激，进而开发视觉、听觉、嗅觉、味觉及触觉，这是每个健康的孩子，在成长过程中，自然会接受来自于生长环境的启蒙教育。接下来，便是更进一步的情感、体能、语言、音乐、艺术，以及学科等方面的启蒙教育。中华民族自古以来就非常重视教育，随着国人的生活愈来愈富足，更多的家长，迫不及待地想要提供给自己的孩子最好的启蒙教育，竭尽所能地送孩子去各种五花八门的婴幼儿教育中心，衷心期盼这些价格昂贵的早教中心，可以使自己的小宝贝变得更聪明、更有智慧。

记得上次，我在北京参观了朋友儿子的幼儿园。这是一个提倡早教的幼儿园，幼儿园的设备十分现代化，里面提供各式各样所谓的早教课程，大多一堂课一个小时左右，有早教老师教家长和孩子一起玩；下课后，也有许多家长留下来，陪着孩子在自由活动区玩乐。出来后，朋友问我觉得这个早教幼儿园怎么样，我说："不错，环境很好，老师也很亲切，就像加拿大小区中心所提供的婴幼儿玩乐课（toddler play time course）。但这样的幼儿课程，应该算不上早教幼儿园，它只是给婴幼儿提供了一个与其他婴幼儿相处的环境，应该称为'早期社交'幼儿园。"

在温哥华，一般三岁以上的孩子，才会送去正式的幼儿园。但在宇琪与宇阳上幼儿园之前，我时常送他们到小区中心体验婴幼儿游乐课程：通常一堂课一两个小时，分成音乐、陶土、画画、体育等主题不同的课程，提供给婴幼儿不同的教材，让孩子有机会接触新的事物，并且在专业早教老师的指导下，由家长陪同孩子，在安全的环境中边玩边学；同时，有机会和同年龄的婴幼儿交朋友，培养早期婴幼儿社交圈。这与我在北京看到的早教幼儿园性质类似，所不同的是，没有加拿大的家长，把这类的幼儿园当成专业的早教课程。我们只是带孩子去那里玩玩，接触些新的事物和朋友。

·成功的启蒙教育，从家庭开始

婴幼儿绝大部分的时间都在家中与父母及祖父母在一起，因此无论什么样的早教幼儿园，都无法取代孩子从小在家中的启蒙教育。我们要特别注意情商启蒙教育，给小宝宝充分温暖的爱，但绝不是"无边界的自由"。别以为孩子小，什么都不懂，要让孩子尽早明白，不能处处以自我为中心，家中除了自己还有父母及其他亲人，必须从小养成通情达理的性格。有了正面的情商启蒙教育，我们才能有效地带领愿意聆听、受教的孩子，接触各种新鲜的事物，进一步借由感官的刺激，有效地开发脑细胞，成功地开发智力启蒙教育。真正的蒙台梭利幼儿教材，就是将现实生活中的实际物品，缩小制作成幼儿玩具。我们在家中，可以直接拿真正的物品作为启蒙教育的教材，比如做衣服用不同触感的布料，做饭用不同味道的食材，画图可以用不同颜色的画笔，音乐可以由不同乐器声音所组成，这些富有变化的触感、味道、颜色及声音，都是最好的早教教材，可以有效地开启智力启蒙教育。只要我们稍加留意，就会发现身边处处都是科学幼教的材料。钟爱孩子的家长，别再劳神伤财地为宝宝找最贵的幼儿园，要知道"父母是孩子最好的启蒙老师，家庭是孩子最好的早教幼儿园"。

Box：

1. 启蒙教育分为情商及智商："没有限制的爱"会导致错误的情商教育，"过多的保护"会阻碍早期的智商教育。

2. 不要盲目相信早教幼儿园；父母是孩子最好的启蒙老师，家庭是孩子最好的早教幼儿园。

8

幼教成效，首重科学

许多认真的父母或祖父母，非常重视"家庭幼教"，花了许多时间陪着小宝宝讲故事、听音乐、上各种不同的幼儿亲子活动班，期盼着小宝宝的学习成果，能与自己付出的时间和精力成正比。一天天过去，才逐渐发现，自己的宝宝，并没有因为长时间的"家庭幼教"，而比别的孩子会的多。虽不愿意承认，但无可奈何地愈来愈明白，自己钟爱的小宝贝，并没有因为努力培养而赢在起跑线上。我非常心疼这些辛苦付出却不得其法的家长们，希望借由这篇文章，分享多年的家庭教育经验，使得更多的宝宝，受惠于科学而又成功的家庭幼儿教育。

孩子在三岁前，是大脑发育成长的黄金时期，如果我们能提供对大脑有益的刺激及训练，孩子的脑细胞便会活跃成长，变得更聪明。根据美国麻省理工学院的研究，人的记忆能力远远超出我们的想象，可以记住五千万册图书的知识，可是我们记住了多少？我们的记忆力潜能，都因为没有早期开发而被埋没了。

·为什么欧洲的孩子，可以轻松学会多国语言

生长在欧洲的孩子，因为常常接触说各种语言的人，他们从小就自然地学会多国语言。但我们会几国语言？好多人连一门外语——英文，都学不好。不是我们比较笨，而是我们的语言潜能，因为没有在童年时期被有效利用开发，而平白浪费了。孩子的大脑，充满着跃跃欲试的新生细胞，我们怎么教，他们便怎么发育。成功的早期教育，第一要注重的就是"科学的方式"。婴幼儿与生俱来的记忆力及模仿力，是超乎我们想象的。这也正是许多欧洲长大的孩子，从小就同时学会多国语言的主因。由于生长的环境，需要时常与说各种不同语言的人沟通，他们的脑细胞从小就接触大量多元的语音刺激，再加上日常生活中的反复练习，自然而然就开发出惊人的语言能力。反观亚洲国家的孩子，从小只接触一种语言，孩子的语言细胞，早在婴幼儿时期就认定"母语"只有一个，长大后，连多学一门英文都十分困难。这样现实的例子清楚地告诉我们，成功的幼教，必须提供宝宝大量全方位的脑刺激，并且通过不断的重复练习，才能即时开发相关的脑细胞，达到有效率的早教学习。

·别浪费了孩子黄金幼教学习期

念故事书给小宝宝听，应该算最普遍的"家庭幼教"了。许多父母或祖父母，花了很多时间念故事书给孩子听，大部分的孩子也都喜欢听故事。认真的家长，往往因为孩子爱听自己说故事，觉得十分高兴，误以为自己有了成功的"家庭幼教"。其实，说故事不能算是幼教，只能算是增加亲子关系的亲子活动。大部分的幼儿故事书，都是童话故事，

以趣味性为主，并没有教给孩子早期教育应有的知识。严格地说，听得越多，占用了越多学习早教知识的时间。宇琪、宇阳小时候，我每天都在精心钻研如何能利用有限的时间，尽早地开发他们的脑智能，并且系统地教会他们丰富的幼儿知识，根本没有多少剩余的时间，可以念以趣味性为主的故事书。

凡是成功的教育，必须要有循序渐进的教学内容，加上清楚明确的教学步骤，并且要能够测验及审视学习成效，用上一个阶段的学习成果，来订立下一个阶段的学习目标。幼儿教育也不例外，否则只是白费功夫，自欺欺人，平白浪费了孩子仅有的一次通过幼教学习的机会。

·用认字卡片（flash card）开启宝宝与生俱来的脑智能

善用识字卡片教小宝宝认汉字，可以帮助孩子开发右脑记忆力及左脑理解力，使小宝宝成功地拥有更高的智力。婴幼儿的视觉学习，以图画记忆为主，所以汉字卡片配上相对应的实物及图片，不但可以帮助孩子识字，更可以有效地开发他们的记忆力。通过汉字及相对应的实物及图片，还可以循序渐进地训练小宝宝的理解力，是一举数得的科学幼教法。

以"狗"这个字为例。家长可以一边拿张画着狗的卡片，一边重复地说"狗"，让孩子明白"狗"所对应的名称。小宝宝明白了"狗"这个动物的名称、发音后，再拿着写着"狗"字的卡片，重复地告诉小宝宝："狗"这个字，指的就是"狗"这个动物。用不了多久，小宝宝就明白"狗"这个字有它对应的声音以及汉字，之后我们看到真正的狗时，赶紧告诉小宝宝这是"狗"。这样的趣味教学法，让小宝宝很快记住"狗"这个动物的实际长相，它的名称、发音、图片以及所对应的汉字，并且也循序渐进地使小宝宝领悟具体的实物、听到的声音、看到的图案，其实指的是同一事物，这便是最初步的婴幼儿理解力教学。

不论是记忆力还是理解力，都必须以循序渐进的方式来启发，因为婴幼儿的大脑正在初步成长的阶段，只有学会了单纯词之后，例如"狗"，才能学合成词，例如"黄狗"，以及短句"黄狗汪汪叫"。通过游戏的方式，反复地以汉字卡片练习记忆力及理解力，不但轻轻松松教会孩子许多汉字，并且提供小宝宝脑力开发必要的智力练习，帮助记忆力及理解力的形成，培养更聪明的孩子。

在宇琪八九个月会坐的时候，我时常拿着五张色彩鲜艳的英文字母卡片，用欢乐的语气，不停地重复："A，as for ANT（蚂蚁）；B，as for BEE（蜜蜂）；C as for CAT（猫咪）；D as for DOG（狗狗）；E as for EAGLE（老鹰）……"英文字母卡片一面写着大大的英文字母 A、B、C、D、E 等另一面画着相关的可爱动物：ANT、BEE、CAT、DOG、EAGLE，等等。刚开始，小小的宇琪不明白卡片正反面 A 和 ANT 有什么关联，但重复几次后，已经反射性地记住 A 卡片的背面，就是 ANT（蚂蚁）。仍口齿不清的小宇琪，总是努力地模仿我，支支吾吾的，想像我一样，发出"ANT"的声音。英文总共只有二十六个字母，我一次教五个，大约十多天，宇琪就能熟记那五个英文字母及相关的可爱动物。二十六个字母，不到两个月，就都学会了。那时，宇琪还不会站着自己走路呢！其实，脑细胞比身体的其他部位的细胞，发展得还要早、还要快。学习语言和阅读，不需要等到声带完全发育、口齿清晰后才开始。只需要重复简单的语音及图片，小宝宝很快就能正确地记住彼此之间的相关性。

学会了二十六个英文字母，接下来，就要尽快使宝宝明白"拼字"的抽象概念。例如，BEE 是由 B、E、E 这三个英文字母组成的。为了提高孩子的学习兴趣，这时候，就可以借助其他教学玩具，像是以英文字母形状做的积木，将 B、E、E 这三个积木反复不断地按顺序排列，然后合在一起念 BEE（蜜蜂）。同时，再利用蜜蜂图片蜜蜂玩偶或是蜜蜂标本来教小宝宝，不论是蜜蜂（物）或是 BEE（词），其实都是指那个可爱的小动物"蜜蜂"。许多电视早教节目，也通过唱唱跳跳的歌舞，来教英文字母及简单的拼字概念。很多计算机早教游戏，更利用生动活泼的卡通人物，配上吸引孩子的声效，以玩电游的方式，反复地让小宝宝复习要学习的内容。用这样科学的方式来教育婴幼儿，像宇琪小时候一样，即使仍是口齿不清的小宝宝，都能够很快地学会许多英文单词，为将来的英文阅读能力打下良好的基础。

明白了英文字母可以组成英文单词的抽象概念，接下来，就可以用英文单词，连成简单的句子。例如，DOG RUN（小狗跑），或 BEE FLY（蜜蜂飞）。只要看看小狗着急地在地上跑，却追不上在花圃中飞的小蜜蜂，宝宝很快就明白 RUN（跑）及 FLY（飞）是"动作"，也就是图文故事中的"动作"。这时候，就可以给小宝宝读由简单的句子所写的幼教书籍。我用这样的方法，循序渐进地教宇琪英文。别的小朋友进了幼稚园才开始学英文字母，宇琪三岁时，已经会读专为六岁学童写的英文书了。

在教宇琪、宇阳的过程中，我总是自己制作适合学习的卡片，一面写着英文单词，另一面写相对应的汉字，配合中英文的发音，就这样自然地通过双语教学，使出生在加拿大的宇琪也和那些生长在欧洲的孩子一样，从小就发展了很好的语言、阅读能力。

·早期音乐教育，不只是给宝宝听古典音乐

音乐，是另一个众所周知的幼教主题，莫扎特的音乐效应，使得每一个父母，都知道要给小宝宝听古典音乐。但早期音乐教育，绝不是只限于听听古典音乐。大部分的父母，认为孩子长得够大了，可以学钢琴时，才能开始给小宝宝正式的音乐教育。如果真的等到那时，才开始正式的音乐幼教，那就平白浪费了孩子学习音乐的黄金时期。

一般，孩子的手指必须到四五岁，才够灵活，才具备足够的身体条件学"弹"钢琴。但孩子脑中对音乐的认识及音准的判断，却远早过手指的灵活度的成长。对于早期音乐教育，如果父母可以画出五线谱，并且反复地告诉宝宝，下加一线的音符是 Do，并且在钢琴上弹给孩子听，用不了多久，两三岁的孩子就能明白 Do 在五线谱以及钢琴键上的正确位置。用同样的方法，再依次教其他六个基本音符：Re、Mi、Fa、Sol、La、Si，用不了多久，小宝宝就会发展出音准的概念。即使是天生极富音感的孩子，如果没有在七岁以前正确地开发出音准及音域的概念，也会完全丧失与生俱来的音乐天赋。

宇阳两岁的时候，快五岁的宇琪正参加雅马哈钢琴所办的幼儿钢琴班，指导老师针对五六岁的孩子，一边教简单的乐理，一边教音符对应到钢琴琴键的位置。班上的孩子，很快就学会看五线谱，并且自弹自唱简单的儿歌。回到家中，我便依样画葫芦地教宇阳，唯一不同的是，宇阳的小小手，还不够力气，按不动钢琴的琴键，但他很快就明白 Do、Re、Mi 的音阶概念，并且很快彰显出异于常人的敏锐音准。几年后，当宇阳正式开始学钢琴时，以过人的听力

为主导，十多分钟长的贝多芬钢琴协奏曲，宇阳听不到六遍，就能不用练习，从头到尾完美正确地弹出每个音符。

身为家长的我们，常常以孩子的身体发育作为指标，来假设小宝宝智能发展的速度。其实，婴幼儿脑细胞的发展，远远快过身体其他细胞的成长。学习语言及阅读，不需要等到宝宝口齿清晰后才开始；学习音乐，更不需要等到孩子手指够强壮、可以弹钢琴后才开始。正如同汉语识字卡片，以连接汉字和相对应的图片，用视觉效果来启发孩子左脑的理解力；学习钢琴琴键所发出的声音，及相对应五线谱的位置，正是结合视觉与听觉，以更多元化的感官刺激来开启宝宝与生俱来的脑智能。

幼儿早期教育的成效，取决于是否按照现代化的科学教学步骤。光靠爱心及热情，随意取材，随兴而教，是没办法取得早期幼教应有的成果。成功的教育，必需具有具体的学习目标，经由反复的练习，来训练并开发相关的脑细胞。而教育婴幼儿，更要特别选择教学内容，其中以小量简单的实体教学，成效最好，例如用认字卡片教宝宝，每次不要多，只教五张即可，并且不断重复同样五张卡片，直到确定宝宝可以正确地识别这五张卡片后，才换成另五张卡片。像"桃"（peach）、"狗"（dog）、"猫"（cat）、"红"（red）和"黄"（yellow）这样随处可见又容易吸引孩子好奇心的单词卡，就是很好的例子。等孩子确实明白这几张卡片所代表的实际意义后，我们就可以增加像"红桃"或是"黄狗"之类比较抽象的合成词。这些以认字卡配上生动的实体或是图片教学，循序渐进反复练习孩子的右脑的记忆力及左脑的理解力，才能有效地开启宝宝天生的脑智能，创造意想不到的早期幼教成果。

Box：

1. 孩子从小就接触大量的语音刺激，可以自然发展出惊人的语言能力；七岁之前要正确地开发出音准及音域的概念；用符合科学教育原则的识字卡，进行双语幼儿识字教学，可以有效地开发孩子的脑智能。

2. 成功的教育，必须要有三项重点：第一项，循序渐进的教学内容；第二项，清楚明确的教学步骤；第三项，能够审视学习成效的测验。

9

玩是最有效的学习

"追求快乐"和"学习新知"都是人类与生俱来的本能，这样自然的天性，在幼儿身上更为明显。成功的教育必须顺应天性，从玩开始，"寓教于乐"培养孩子学习的热情，以及良好的读书习惯。

·来抓小狗吧

不知是出生时的高烧意外，还是天生文静，宇琪小时候不太爱动，比起其他同龄的孩子，活力少了许多。俗话说"七坐八爬"，但宇琪到了九个月大，还不爱爬，总坐在同一个地方，玩玩伸手就能拿到的玩具。先生和我常常用玩具逗她，引诱她往前爬。当时我们家养了只可爱的小贵宾狗小莉。宇琪特别喜欢小莉，但小孩子出手没轻没重的，总一把抓着小莉的白卷毛，疼得它直叫。小莉生性乖巧柔顺，不敢凶宇琪，只好躲得远远的，尽量不靠近新来的"小恶魔主人"。

我为了激发宇琪向前爬的欲望，总抱着小莉，坐在离宇琪不远处。宇琪看着近在咫尺的小莉，一脸兴奋，两只小眼睛闪烁着奇异的光彩，手脚并用，摆动小小的身体，一寸一寸向小莉靠近。我一边用小莉生动活泼的样子，引诱宇琪往前爬，一边轻声跟小莉说："我们一起帮宇琪学爬，我会小心不让宇琪抓到你。待会儿给你吃好吃的狗饼干。"就这样，宇琪在狗姐姐小莉的帮助下，终于缓慢地爱爬了，开始以自己的方式来探索并认识周围的世界。

终于爱爬的宇琪，最喜欢去的地方就是小莉的窝——狗笼子。不论我将狗笼子放在多远多偏僻的角落，宇琪都能立刻锁定目标，正确又快速地朝着狗笼子爬过去，一下子钻进去，把在窝里睡觉的小莉惊醒，睡眼惺忪地落荒而逃。而宇琪则高高兴兴地鸠占鹊巢，在狗笼子里玩着小莉的狗玩具，好像狗玩具比我们特意买的婴儿玩具好玩多了。我和先生看了，真是又好气又好笑。

抓住了宇琪和狗姐姐小莉抢玩具的心态后，每次我们买回来新的玩具，总是有模有样地和小莉先玩一会儿。宇琪看了，马上起了兴趣。我们想将宇琪的注意力带离狗笼，便将她可以翻到的柜子抽屉整理好，并将新买的玩具藏在其中。每次宇琪翻箱倒柜找出了新玩具，神情满是喜悦和得意。为了进一步激发宇琪主动学习的欲望，我们也准备了多种幼教玩具，从识别颜色及形状到教英文及数学，放在家中各个宇琪可以翻到的地方。就这样，宇琪在满屋子找玩具的过程中，快速地从爬到走，并通过五花八门的幼教玩具，如会说话的玩具车、会唱歌的毛绒娃娃等，学会许多知识。更重要的是，在宇琪小小的心中，播下了"学习就是玩"的种子。

·"不教"的教育

幼儿教育家玛莉亚·蒙台梭利博士倾其毕生经验所创的"蒙台梭利幼儿教学法"，风靡了整个西方世界，其中最重要的教学原则，就是培养幼儿学习的热情和探索新知的精神。借由丰富多彩的教学器材，以"不教"的教育，让孩子自研究、发掘知识，在自由快乐的环境中学习。蒙台梭利博士认为，老师只不过是孩子学习环境中的一部分，应该扮演辅助的角色，从旁观察孩子的学习兴趣及速度，再适时适量提供合理的帮助。

在为宇琪选幼儿园时，令我们印象最深刻的一点，就是第一次走入蒙台梭利幼儿教学法幼儿园教室。不同于一般幼儿园，蒙台梭利幼儿园教室内井然有序地分成四个自主学习区：体育练习、感官教育、知识教育、日常生活教育。

体育练习区中有许多小型的体操器材，像跳马、平衡木、高低杠、弹簧垫，以及组合地垫。这些迷你型的体操器材是专为幼儿们设计的，让孩子可以在安全的环境下，利用专业的运动设备，来促进身体肌肉的发育。

感官教育区中有许多刺激感官细胞发展的实物。例如：不同种类的沙石、不同气味的香包、不同味道的点心、不同颜色的花草，以及会发出不同声音的玩偶。

知识教育区中分为数学教育、语言教育及文化教育：有类似中国的小算盘，用来学习加减法；有小小的烧杯和量瓶，用来学习科学测量；有会说各种语言的玩具计算机，用来学习多种语言；还有特制的小地球，用来学习世界地理及文化。

日常生活教育区则是一个迷你版的小家庭，有小型缝纫机、厨房用具、洗衣设备等，让孩子从小就养成独立自主的习惯，学习照顾自己、适应环境、培养日常生活自理能力。

宇琪好爱蒙台梭利幼儿园，常常和同班的小朋友待在同一个主题学区里，玩到忘记园里还有其他的学习区。幼儿园老师会从旁观察，适时地介绍不同主题学区的智能活动，用科学的教学器材，以自我求知的热情作为出发点，引导孩子探索新知识。

国内的各大城市中也充满着以蒙氏教学法为口号的幼儿园，但普遍采用北美一般幼儿园的教具及教材，并没有发挥出蒙台梭利幼儿教学法的精华，只不过是以较舒适的设备，给国内幼儿提供了较现代化的社交环境，所提供的早期教育距离真正的科学幼教相差太远。秉持这种似是而非幼教理念的幼儿园，比比皆是，实在是误人误己。

·客厅就是学习乐园

其实蒙台梭利的教学理念非常简单，就是以日常生活中的事物为教材，介绍孩子认识真实的世界；蒙氏教具研发者仿照实际的生活物品，设计出一些小教具，让孩子在幼儿园中，将真实的物品当成玩具边玩边学。把握了正确的理念，当我们在家陪孩子的时候，不妨试着将自己家的客厅当成小小的幼儿学习乐园，以不同的主题，配上相关的实际物品，和孩子一边玩一边学。这不但增加亲子感情，更实现了"不教"的教育，让孩子自主研究、发掘知识，在自由快乐的环境中学习。

我们可以简单地订个计划，每个星期换一个客厅乐园主题。比如说先以"水果"为主题，将客厅中放满各种各样好吃有鲜艳色彩的水果，陪着孩子一边找水果，一边说水果名；再以水果的多少，陪着孩子数数，这样一边玩一边吃，一边教一边学。用不了多久，孩子就能开开心心地学会好多水果的名字，以及它们的不同口味，也会借由数水果学会数数的概念。

如此这般，到了下个星期可以换上别的主题，比如说"花布"。我们可以将家中的客厅用五颜六色的不同布料布置起来，每种布料都有不同的触感及颜色。家长拿着各种各样的花布，陪着孩子在客厅唱歌跳舞，一边玩一边教孩子认识不同的颜色，以及亲身体验每种布料不同的触感。这样的教学方式，才真正符合蒙台梭利所提倡的幼儿教学法。所以，我们无须花大钱送孩子去达不到真正科学幼教效果的幼儿园，而只需要稍微花点心思，家中的客厅就能成为孩子最好的学习乐园。

爱因斯坦曾言：玩，是最好的研究形态。（Play is the highest form of research.）玩是最有效的学习方式，只有在自由快乐的学习环境，以自身求知的热情为出发点，辅以科学的教学方式，才能收获正面的成果。

Box：

1. "追求快乐"和"学习新知"都是人类与生俱来的本能，成功的教育必须顺应天性，"寓教于乐"培养孩子学习的热情。

2. 最好的教育是"不教"，客厅是最好的学习乐园。

3. 蒙台梭利幼儿教学法的特色：

·"不教"的教育，即老师只是孩子学习环境中的一部分，扮演辅助角色，引导孩子探索新知；

·科学的、丰富多彩的教学器材；

·分区自主学习：体育练习、感官教育、知识教育、日常生活教育。

宝宝天生爱数学

"One，Two，Three……"刚学会自己用手抓着婴儿饼干往嘴里放的宇琪，一边用她仍显笨拙的小手高兴地从饼干盒里抓出一个又一个她爱吃的饼干，一边口齿不清地大声说着阿拉伯数字，仿佛自豪地告诉我们："看！我可以自己拿出这么多好吃的饼干，我长大了，会自己吃东西了！"

· 婴幼儿有天生数感

没学过数学的小宝宝，其实比大人的数字概念还强。不到三岁的小娃娃，右脑比左脑发达得多，西方科学家称为"右脑主导"（right-brain dominancy）。人类的右脑主管情感、音乐、颜色、图片、天性及创造力，总的来说，就是主管"知性艺术"；而人类的左脑主管计算、逻辑、推理、判断等等能力，也就是主管"理性分析"。

由于婴幼儿的言行是由右脑主导，他们不用计算，就能够自信且准确地得知"数量"的多寡。成人也有这种能力，但我们只能准确地说出较小的数量，例如五到八个，数量再多一些，我们就必须一个一个数，才能知道确切的数量。小宝宝可比我们厉害多了，他们可以不用数，只看一眼，就能确切地知道是多少颗糖果，只不过由于小宝宝没学过数字，无法告诉我们。这样不用数、一眼就能判断出数量的能力，在西方科学界有个专有名词，叫"直接数感"（subitize）。随着孩子逐渐长大，右脑主导的能力会在三到四岁逐渐转为"左脑主导"（left-brain dominancy），宝宝惊人的天生数感，如果没有适当开发，也会逐渐丧失，无法复得。

数感的能力也可以用"照片式记忆"（photographic memory）来理解。如果我们将宝宝爱吃的糖果分成数量不同的两堆：一堆十颗，另一堆二十颗，从没学过数的小宝宝都会立刻爬向多的那堆糖果。如果宝宝会正确表达出他们一眼就能看出的数量概念，一定会气呼呼地对我们说："你们当我傻啊！十颗糖还是二十颗糖，难道我不知道要选多的吗？"

· 吃鸡块，学数数；玩乐高，学运算

就像大部分的小女娃，宇琪小时候不大爱吃饭，无论我们怎么认真喂，宇琪总是磨磨蹭蹭，坐在餐桌前大半天，也吃不进多少东西。我们常怕她吃不够，营养不良，所以吃一餐饭总要用上一两个小时，非常浪费时间。直到宇琪会自己用手抓东西吃，情况才开始好转。北美有许多婴幼儿食品，都是手拿食品（finger food），也就是不需用餐具，适合小宝宝自己用手拿着吃的食物，例如炸鸡块、起司条、麦片、饼干，等等。只要把小宝宝的手洗干净，他们就可以自己坐在带有小餐桌的儿童餐椅上吃。为了吸引宇琪多吃点东西，也为了充分利用宇琪过长的吃饭时间，我时常和宇琪一边用炸鸡块数数，一边哄着她多吃点。

"宇琪，数两个炸鸡块给妈妈，再数一个，现在一共有几个炸鸡块啊？"

"三个！"宇琪用她可爱的小手，一个个数出两个炸鸡块，接着又数出一个，然后高高兴兴地说三个。

"好棒呵！你可以从这三个炸鸡块中选一个来吃，那么现在剩下几个了？"

"两个。"宇琪充满自信地说。

新生儿有着不为人知的清晰照片式记忆，仅看一眼，就可以凭直觉判断出数量多寡。但是数字对幼儿来说，却是十分抽象的观念，需要经过左脑的分析理解。想让孩子提早明白数字的真正意义，并且进一步学习加、减、乘、除四则运算，适当地利用像炸鸡块这种孩子爱吃的具体食品，不但能加速孩子对数字运算的理解，也可以在不知不觉中，让孩子把学数学与好吃的炸鸡块联想在一起，激发孩子对学习数学的热情，真是一举两得，可说是最好的数学启蒙教育。成功的数学教育，必须善用婴幼儿天生对数量的直觉性来引导开发，并且正确理解抽象的数字运算法则，助孩子自然而然从直觉感受，转为分析判断。

宇琪小时候，我们常买各式各样以学数学为主题的玩具，有玩具算盘、数字积木，还有会说话的数学玩偶，通过这些有趣的教学玩具，宇琪对数学更感兴趣了。

我们也常用乐高玩具的拼装积木，当作教数学加减乘除的实物教材。例如三乘五，我们就用乐高组装三条五个合在一起的积木条。一个个容易组装及拆卸的乐高玩具积木，最适合用来解释"加"和"乘"的关系，以及"减"和"除"的关系。宇琪常常得意地拿着她拼好的积木，告诉我："妈妈，你看，四乘六是二十四。我拼四条有六个乐高玩具积木的玩具组，总共用了二十四个乐高积木。"

· 不同的孩子，学习诱因大不同

到了教宇阳的时候，学数学就没那么容易了。

首先，宇阳很爱吃东西，如果我们试着拿走他的食物、教他数学，他便像小动物保护食物一般，用手围着他要吃的东西，不让我们碰。如果我们用买给宇琪学数学的玩具来教宇阳，他总是胡乱玩，完全不按照数学玩具指示的方法来学习。如果我们让宇阳拿乐高玩具积木拼三个五，他则理都不理我们，调头就走。相较于宇琪的受教，我看到宇阳这样随兴而为，一点都不听话，真是又急又气。

网络上曾经广为流传一个短片，画面中有个大约五岁的小女孩，被妈妈严厉地逼着背九九乘法表，却总是背不起来。小女孩一直出错，索性躺在地上哭闹，让人看了不禁怀疑："读书真有这么苦、这么难吗？"其实，背九九乘法表根本不算是学数学，只能算是训练与数字有关的记忆力。婴幼儿时期的数学教育，必须清楚解释"数"的概念，而不是逼着孩子死记硬背九九乘法表。姑且不论这个小女孩的记忆力到底够不够好，光看她哭闹着躺在地上，就知道她有多么不愿意背了，更别希望她确实了解"数"的概念了。

有一天，我像平时一样锲而不舍地用乐高积木教宇阳乘法的概念，在我们家客厅的桌面上，整整齐齐堆了六根由八块积木拼成的乐高柱子，想教宇阳六乘八等于四十八，结果宇阳仍是"有看没有到"，对我堆的乐高玩具不理不睬。

心想今天又要无功而返了，我无可奈何地一把推倒自己搭的乐高柱子，并且不大高兴地提高声音说："Knock down（摧毁）！"没想到这突如其来的举动，却吸引了宇阳的注意，他喊着也要来"摧毁"拼好的乐高玩具组。

这下，我们终于找到了教宇阳数学的方法。不像宇琪会自己主动拼好，我们总是反过来，先在桌面上拼好各种要教宇阳的积木数字组，例如三乘五、四乘六等，并要求宇阳答对了，才可以一举"摧毁"。显然，捣毁排列好的乐高玩具组，给小小的宇阳带来极大的满足感及成就感，而他总是为了毁掉一切，好好地数我们拼好的乐高玩具组，并且逐渐学会了数学四则运算。

看到"摧毁"这个动作可以带给小小的宇阳这么大的快感，也就不难理解，为什么那些充满暴力的电玩游戏，可以使无数的小男孩上瘾着迷。虽然以此成功吸引了宇阳学数学的运算概念，但用"摧毁的快感"来引诱小孩子，始终不是长久之计。幸好，随着宇阳一天天地长大，他开始对玩具小汽车有了浓厚的喜好，总是将他喜欢的玩具小汽车，一列一列整整齐齐地排在地毯上。排列好的玩具小汽车，正好适合用来教数学。

我们时常买不同型号的玩具小汽车给宇阳，通过不同的排列，清楚地向宇阳解释数学运算的抽象概念。与此同时，为了培养宇阳学习科学的耐心及专注力，我们还买了玩具小汽车的立体赛车跑道，不只利用玩具教数学，连基础物理中的牛顿运动力学，也在边玩边学的欢乐氛围下，一并教给了当时仍不到五岁的宇阳。

科学研究证实，我们的大脑是愈用愈灵活，孩子则是愈教愈聪明。刚出生的宝宝，有着我们想象不到的数学能力，如果我们能用宝宝喜欢的食物或玩具，加强他们与生俱来对"数量"的直觉认知，并且通过循序渐进的数字教育，由最简单的数数开始，数学教育从婴儿时期就可以稳稳扎根。三四岁后的孩子，会逐渐转为"左脑主导"，这时候就可以逐步教授加减乘除这些需要左脑理解能力的基本数学运算。

及早开始教小宝宝数学，才能保留初生时右脑赋予我们的惊人观察力。生动有趣的早期数学幼教，能提供左脑发育成长时所需的知识刺激。早期科学婴幼儿教育，如果能够配上有趣的游戏，在欢乐的气氛下，以循序渐进的内容，加上反复的练习，就可以帮助小宝宝善用零至五岁大脑成长的关键期，成功地培养更聪明有智能的孩子，为将来学习其他的推理性知识打下良好基础。

宝宝天生爱数学！父母别以为孩子小，什么都不懂。宝宝学数学，就像他们学吃东西、学玩玩具一样容易自然。只要引导有方，他们对数字的理解速度，远超过我们的想象。

Box：

1. 善用婴幼儿天生对数量的直觉，引导开发孩子的数学能力，正确理解抽象的数字运算法则。

2. 针对不同孩子的特点采取不同的教育方式。

3. 宝宝天生爱数学，生动有趣的早期数学幼教，能提供左脑发育成长时所需的知识刺激。在欢乐的气氛下，以循序渐进的内容，加上增强理解力的练习，可以帮助小宝宝善用零至五岁大脑成长的关键期，成功地培养更聪明有智慧的孩子。

4. 直接数感（subitizing）

一九四九年由考夫曼（E.L. Kaufman）等人提出，源自拉丁形容词"subitus"（有"突然"之意）。直接数感是指对数量有快速、准确和自信的直观判断，当数个物体同时出现在眼前时，能够快速感知。

11

计算机游戏玩出学习力

　　在电子网络时代，计算机游戏无处不在，孩子只要拿着手机，就可以随时玩手机里的传统电子游戏，更可以通过网络，和全世界各地的网友，一起玩多人多机的群体计算机游戏。比如，《英雄联盟》（*League of Legends*，LOL）在电子竞技的领域里就极为有名，在加拿大的中学里，几乎无人不知无人不晓，好多中学生终日沉迷于这个游戏，在学校无心求学，不停地和同学们讨论如何成为这个游戏的优胜者，并且只要一有机会就立刻上网开始玩电子游戏。这让许多老师及家长非常头痛，不知道该如何使这些沉迷于电子游戏的孩子们，明白学习的重要性，不要浪费自己宝贵的时间，不眠不休地玩计算机游戏。有些家长为了自己孩子的前途，采取激烈的反制措施，没收手机或计算机来禁止孩子玩计算机游戏；但对于已经沉迷于计算机游戏的孩子，这样激烈的手法，会令亲子之间，产生极大的冲突。有些孩子因为父母不让他们玩电子游戏，而离家出走；更有些孩子，以不去学校上课，在家绝食抗议等激烈的手段，来使父母屈服。正如同我们不明白孩子为什么会沉迷于电子游戏，从孩子的角度来说，玩电子游戏，不是什么过错，只是他们喜欢做的事而已，为什么父母要禁止他们做他们爱做的事？

做父母的大多认为，孩子沉迷于计算机游戏，十分浪费时间和精力，但却很少有人理解，为什么计算机游戏可以长时间吸引孩子的注意力？孩子不都是没耐心、不能专注重复做同一件事吗？为什么唯独玩计算机游戏例外，可以废寝忘食、不眠不休，一直玩下去？

·计算机游戏抓住孩子的心，主要有三大原因

第一，孩子在计算机游戏中拥有主控权。大部分的孩子在现实生活中有不自觉的无力感，更具体地说，就是孩子们隐隐感觉到，不论他们做什么，都不会对这个世界带来任何变化。除此之外，大人总是叫他们做这做那、学这学那；在现实生活中，孩子永远是服从的被动角色。反之，在计算机游戏中，只要轻松动动手中的鼠标，或随意按按键盘上的按键，就可以轻易主导计算机游戏。

第二，计算机游戏有效地利用视觉及声音的刺激，使玩游戏的人产生无与伦比的兴奋感。正如同坐云霄飞车一般，腾云驾雾，刺激得令人无法自拔。

第三，也是最重要的一点，计算机游戏大都有技能晋级的设计，游戏者经由过关斩将产生成就感，带来自我实现及自我满足。

计算机游戏正是利用脑细胞渴望的外界刺激，及人类希望主宰环境的欲望，加上诱人的自我成就感，而创造出来的成功商品。试想，孩子如果可以像玩计算机游戏那样学习知识，该有多好。

·计算机游戏是现代孩子社交的重要部分

在孩子成长的过程中，除了学习知识之外，学习如何与人相处，也

是非常重要的。许多朋友羡慕我们，不是因为孩子优秀杰出的成绩表现，而是在此之外，他们还能同时拥有非常良好的人际关系，与许多好朋友一起快乐地长大。

在计算机科技发达的时代，几乎每个孩子都会玩计算机游戏。由于新开发的多人多级网上游戏，比如《英雄联盟》，他们成功的商业宣传，使得玩这样的游戏成为一种时尚，孩子们聚在一起，往往以讨论计算机游戏为主要话题。这样的现象，虽然不是做家长或老师所乐于见到的，但我们不能忽略这样的现实状况。换言之，如果我们完全不让自己的孩子接触市面上流行的计算机游戏，他们就没法和朋友有共同话题，不可避免地，将会影响他们在同学之间的人际关系。由于男孩普遍比女孩热爱计算机游戏，这样的问题，在男孩子的成长过程中也更为严重。

宇阳小时候，就极为热爱计算机游戏，中学时代这个问题更为明显，加上他的男生朋友们，都极其热爱玩计算机游戏，往往像着了迷一样，约好时间一起上网组队相互挑战。这个时候如果强行禁止孩子上网玩游戏，不但会遭到极大反抗，严重地影响亲子关系，而且会让小孩子在他的朋友中变成异类，在学校里聊天没有共同话题，长久下去，势必无法发展健全快乐的人际关系。面对这样棘手的问题，正如同大禹治水一般，"与其围堵，不如疏导"。

许多男孩子贪玩坐不住，平时不思学习，但唯独钟情于计算机游戏。如果我们能善用孩子们的喜好，先"晓之以理"，告诉孩子读书学习才是重要该做的事，玩计算机游戏非常浪费时间和精力，应该被禁止，之后再"诱之以利"，告诉他们，只要正确有效率地做完该做的功课，就可以将玩计算机游戏的时间，当作是读书学习之后的鼓励。

·善用计算机教育游戏，寓教于乐

由于我主修计算机，又对教育特别感兴趣，大学期间就专注于研究用教育软件来实施教学。当时北美知名的幼教软件瑞德英语（Reader Rabbit，由美国教育软件公司 The Learning Company 出品），强调以新兴的教育理念为基础，将学习的内容依难易程度分为不同等级，也和其他计算机游戏相似，完成要求后就可以过关，升到更高的等级。

从宇琪两岁开始，我便常使用瑞德英语来帮助她学习英文。从英文字母，到常用的英文单词，瑞德英语使用生动活泼的卡通人物，配上新颖的声效，一下子就抓住小孩的注意力。宇琪小小的眼睛，盯着计算机屏幕，一心想过关晋级。她不厌其烦地一遍又一遍反复尝试，完全符合了正确学习所需的重复练习。不出几个月，宇琪已经认识非常多英文单词，并且可以自行阅读专为五六岁孩子写的英文故事书。

现在计算机科技日新月异，声光效果极其吸引人，许多计算机软件公司，有效地利用电子游戏吸引小孩子的特色，配合最新教育的理论，开发出许多新颖的学习游戏软件。这些软件以小孩子的年龄或是学校的年级来分级，提供各方面的知识学习游戏，从语言学习、数学技能到天文地理、自然科学等不同的学习主题，设计能使孩子边玩边学的趣味游戏。家长及老师如果能够摒除对计算机游戏的偏见，为孩子们精心选择好的教育计算机游戏，就很容易以"寓教于乐"的方式，通过玩计算机游戏，轻松地传授给孩子各式各样的知识。

但是由于孩子小，很容易被计算机游戏吸引，长时间盯住计算机屏幕，非常伤眼睛，父母应该限制使用计算机的时间，并且尽量只让孩子玩与教育相关的游戏，才可以避免其他意想不到的负面影响。

· 从计算机游戏到科技医疗

中学时期的宇阳，非常热爱计算机游戏，我常常和他谈判，只要他正确有效地做完该做的功课，就可以邀请他的朋友们一起来家里玩网络计算机游戏。他常常认真地安排时间，有效率地学完所有该学的课题，再邀请一大帮朋友到家里来，将我们家的乒乓球桌当成他们的计算机游戏桌，他的中学同学会搬着自己的计算机到我们家来组队一起玩《英雄联盟》。就这样，不但激励了宇阳努力学习的欲望，也间接地影响了他的一帮同学们，让大家都明白，该做的事一定要做，之后有一些时间来玩游戏鼓励自己也是应该的。常和宇阳在一起的好同学们，大家一起学一起玩，一起快乐阳光地成长为认真上进的有为青年。

进了哈佛后，正逢计算机虚拟现实技术（virtual reality）快速发展的阶段，宇阳和他的哈佛同学们，共同创立了计算机科技医疗公司，以虚拟现实的技术来治疗有关眼睛的各种疾病。他自己告诉我，一点都不喜欢玩计算机游戏了，觉得不能理解怎么会有人花那么多时间去玩虚构出来又毫无意义的计算机游戏。我听他这样说，也非常惊讶：当年热爱计算机游戏的小男孩，会在短短的时间中有一百八十度大转变，不但不浪费时间玩虚构的计算机游戏，更进一步以最新计算机科技，来治疗疾病造福人群。

许多和宇阳相同年龄的孩子，在父母家中坚决不让他们玩计算机游戏，当孩子离开家去念大学后，像是飞出笼子的小鸟，没有了父母耳提面命的管教，他们天天在宿舍中不分昼夜地玩网络计算机游戏，仿佛要将中学没玩到的在大学中补回来，这真是彻头彻尾失败教育的实例了。

计算机游戏有效地利用高科技声光效果，制造出引人入胜的商业产品，如果我们可以善加利用计算机游戏的优点，为孩子们选择好的计算机游戏软件，就可以轻轻松松地边玩边教孩子各方面的知识。青春期的孩子，容易沉迷于新鲜的计算机游戏，这时候家长要有智慧地引导孩子形成正确的价值观。严格禁止孩子玩计算机游戏，很容易达到反效果，不如将玩计算机游戏当作努力工作后的奖励，但必须明确地告诉孩子，过于沉迷计算机游戏，是极其浪费时间没有意义的活动。教育的真谛，在于激发出孩子对自己的期许，只有发自内心的认可，才能使其充满正能量走向成功的人生。

Box：

　　1. 计算机游戏已经成为现代孩子社交的重要部分，"与其围堵，不如疏导"。
　　2. 善用电子游戏吸引孩子的特色，配合最新教育的理论，通过玩计算机教学游戏，轻松地传授给孩子各式各样的知识。

善用多重记忆力

"第六十号拼字参赛者，你要拼的英文单词是'pithecological'。"拼字大赛主持人说。

十一岁的宇阳一个人站在富丽堂皇的舞台上，面对着无数实况转播的摄影机，战战兢兢拿着麦克风问："请问这个单词在字典里的定义是什么？"

"有关研究人猿的学问。"主持人回答。

宇阳听了单词的定义后，似乎已经胸有成竹地知道是什么字了，但仍谨慎地接着问："请问这个字的词类是什么？"

"形容词。"主持人回答。

"pithecological ——"宇阳发音清楚地重复念出他要拼的单词，并问主持人："请问我的发音正确吗？"

"正确。"主持人回答。

宇阳想了想，心中确定了这个罕见英文单词的拼法，便专注、谨慎、缓慢、清楚地，一个一个字母拼出："p–i–t–h–e–c–o–l–o–g–i–c–a–l。"

"完全正确！你赢得了冠军！"在大赛主持人宣布宇阳拼对了他的

冠军单词，成为二〇一〇年大温哥华赛区的英文拼字冠军后，所有在台下等待的记者一拥而上。刹那间，舞台上拍照的镁光灯闪个不停，在这一瞬间，宇阳成为令很多外国人都佩服羡慕的拼字神童，不但赢得五千加币的奖金，更成为大温哥华赛区的代表，要前往首都渥太华参加加拿大全国总决赛。

·极其紧张的拼字大赛

在美国和加拿大家喻户晓的学术竞赛，不是奥林匹克数学竞赛，而是英文拼字大赛（Spelling Bee），从各个学校选出来最厉害的拼字小选手，经过层层激烈紧张的比赛，进入由各地方媒体实况转播的区决赛，最后胜出者，将分别前往美国首府华盛顿特区及加拿大首都渥太华参加全国总决赛。拼字大赛是西方世界著名的精神极度紧张的比赛。比赛以号称最齐全、搜集包含五十多万个英文单词的《新韦氏英语国际词典》为标准，从中随意抽取艰涩难拼的单词，让站在大舞台上的拼字参赛者，在限时二分钟内，正确无误地拼出评审念的英文单词。

站在被灯光照得火热的大舞台上，小小拼字专家不但要集中注意力，认真地听评审念出的英文单词，还要克服心中的紧张及压力，仅能通过几个制式提问，来判断自己有没有错想成别的单词。只要在回答的过程中出了一点小差错，台下评审便会毫不留情地按下拼字大赛专属的"可怕的铃声"（dreadful bell）。铃声一响起，参赛者当场就被淘汰，必须立刻走下台来。

要知道，大多数参赛者为了准备这一年一度的拼字大赛，日日夜夜学习了上万个英文单词，比赛中一不小心犯了错，就会立即被淘汰，这是多么令人难过的事，尤其在众目睽睽之下，拼错了英文单词，走下舞台，实在气馁。所以不论是台上参赛的小朋友，还是在台下观看等待的父母，大家无不神经紧绷、紧张万分。

我们家从宇琪到宇阳，连着几年参加拼字大赛。二〇〇九年，从早上九点开始，比到下午三点左右，眼看舞台上将近一百个决赛参赛者，一个个被那可怕的铃声给请下台。偌大的舞台上，只剩下三个孩子，其中两个就是宇琪和宇阳。我和先生忍不住心想，三分之二的概率，今年应该是我们家的孩子胜出了吧？没想到，过了一会儿，宇琪、宇阳便相继被那可怕的铃声给按下台，无奈地并列大温哥华拼字比赛亚军，而冠军被那只占三分之一概率的外国女孩给夺走了。

次年，因为宇琪跳级了一年，已是九年级的学生，按大赛规定不能再参加全国拼字比赛，我们便一起讨论，以最有效率的方式协助宇阳地毯式地复习所有英文单词。终于在二〇一〇年的大赛中，宇阳通过层层考验，成功拼对了每一个英文单词，成为那个唯一仍站在舞台上的拼字冠军。

很多人都想要知道，年仅十一岁的宇阳，是怎么记住几万个英文单词，打败很多西方拼字小专家，成为少有的华裔拼字冠军呢？

·听出过人记忆力

西方教育学习英文的第一步骤就是学习英文拼音（phonics），系统地英文拼音教学，着重教导幼儿英文字母及发音之间的关系，是听觉学习的第一课，经由听英文单词，刺激大脑，对听到的声音加以处理分析，再转为英文字母，就是"拼英文单词"最基本的概念。

再长再难的英文单词，都可以按音节拆为数小段。例如，"refrigerator"（冰箱）就是可以分为五个小音节来分开讨论 re-frig-er-a-tor。不能成功分辨英文单词中不同音节的孩子，势必无法对其单词形成正确的听觉学习，自然没有可能形成正确的听觉记忆，更别说能记住上万个英文单词了。

宇阳很幸运有个认真上进的好姐姐，因为姐姐一心想赢拼字大赛，在家天天研究英文单词的各个音节、各种发音变化，使得童年时期的宇阳，不自觉地天天处在听觉学习的环境中。

大部分的孩子学习英文拼字及阅读，是从幼儿英文读物开始，也就是从"视觉学习"开始的，但小孩子普遍不能有长时间的专注力，往往坐下来读个几分钟就烦了，学习效果不佳；但若是处在听觉学习的环境中，无意识地长时间听着英文单词、儿歌，或是故事，就会有意想不到的学习效果。宇阳就是这样成为小小拼字专家的。

宇阳取得大温哥华拼字大赛冠军后，代表不列颠哥伦比亚省去渥太华参加全国总决赛。行程由全国拼字大赛主办单位安排，一共六天，招待所有晋级总决赛的小拼字专家，集体大玩五天，第六天才是全国总决赛的日子。我一路跟着宇阳参加各项活动，从参观国会大厦到观赏激烈的冰球比赛实况，心中不禁怀疑，主办单位是不是故意让这些孩子玩疯了，再看看谁真正记得所学过的英文单词。在二十二位进入加拿大总决赛的学生中，宇阳和萝拉是年纪最小也是玩得最疯的，出乎意料，竟然在大玩五天后，由萝拉赢得全加拿大冠军，宇阳以一字之差，屈居亚军。

在首都旅游的期间，我们认识了萝拉一家人。萝拉的大姐数年前就是大多伦多拼字赛区的冠军，而萝拉则在十岁时击败了自己十四岁的哥哥，不仅成为大多伦多拼字比赛年龄最小的区冠军，更在渥太华全国拼字总决赛中，以小小黑马的姿态，击败无数比她年长又有丰富参赛经验的拼字专家，一举成为加拿大全国拼字总冠军。

萝拉是个十分顽皮好动的小女孩，看到她没有一刻安静下来的模样，真的无法想象她怎么能静下心来读几万个英文单词，并牢记在心，连续三年成为加拿大全国拼字总冠军。萝拉的妈妈告诉我，从萝拉三岁多开始，她们家的客厅便是哥哥、姐姐自学拼英文单词的教室，她们家的餐桌，就是妈妈帮哥哥、姐姐复习英文单词的家庭考场。萝拉总是在一旁边玩边听，直到有一天，萝拉突然拼出连哥哥、姐姐都记不住的艰难英文单词，家人才惊讶地发现，小小的萝拉早已在潜移默化的听觉学习中，学会了数以万计的英文单词。

· 记忆力源自多种感官体验

记忆力是个很广泛的名词，可细分为"感官记忆"（sensory memory）、"短期记忆"（short-term memory）及"长期记忆"（long-term memory）。

我们由视觉、听觉及嗅觉来感受周围的环境，将信息传入大脑，形成瞬间的感官记忆，如果没有持续输入相同的感官信息，瞬间的感官记忆很容易就会被遗忘。反之，如果有持续输入相同的感官信息，大脑便会自动将瞬间的感官记忆，转变为短期记忆；若是反复重复短期记忆的资讯，大脑便会将短期记忆中的资讯，加强储存，成为长期记忆。而一般我们所指的记忆力，便是长期记忆的容量，想要赢得像拼字比赛这样的大型赛事，一定要有惊人的长期记忆。

"眼见为凭"是中国人偏重"视觉感官记忆"的明证，认为只有由眼睛看到的事物，经由大脑储存记忆，才是真实可信任的。因为这种错误的认知，在孩子学习及训练的过程中，往往偏重"视觉学习"，而忽略了其他的感官学习。美国著名的杂志《生命科学》（*Live Science*）明确地指出视觉、听觉及嗅觉都可以刺激大脑，进而产生鲜明的记忆力。诚如学习语言有黄金关键期，记忆力的开发也有重要的关键期。记忆力的形成，是始于感官记忆，必须从视觉、听觉及嗅觉来多方面刺激开发，再经由反复练习转化为短期记忆和长期记忆。

小孩子正在成长的大脑，有着我们无法想象的记忆潜能，如果父母能够有计划地在孩子玩乐的场合，长期提供系统的感观教学教材，比如以视觉学习为主的趣味识字卡片，以及以听觉学习为主的有声教学录音带，再配实物的教材，像是芬芳的花草，或是美味的食物，利用嗅觉及味觉进一步刺激脑智能的开发，就可以在欢乐幸福的气氛下，创造美好的学习记忆，成功激发出孩子不为人知的记忆潜能。

Box：

1. 记忆力源自听觉、视觉、嗅觉等多重感官的刺激和体验。

2. 处在听觉环境中，长时间无意识地听着英文单词、儿歌，或是故事，就会有意想不到的学习效果。

3. 感官记忆：人们由视觉、听觉及嗅觉来感受周围的环境，将信息传入大脑，形成瞬间的感官记忆，如果没有持续输入相同的感官信息，瞬间的感官记忆很容易就会被遗忘。

短期记忆：持续输入相同的感官信息，大脑便会自动将瞬间的感官记忆，转变为短期记忆。

长期记忆：反复重复短期记忆的资讯，大脑便会将短期记忆中的资讯，加强储存，成为长期记忆。一般我们所指的记忆力，便是长期记忆的容量。

13

阅读神灯在哪里

"哇！我们赢了全国第三名！"从多伦多打来的长途电话，传来宇琪兴高采烈的欢呼声，她和队友代表不列颠哥伦比亚省参加加拿大"全国高中百科知识大赛"（Reach For The Top Knowledge Trivia）总决赛，荣获第三名。

这次获奖，不只是为不列颠哥伦比亚省争光，更令加拿大西海岸各省都与有荣焉。像这样大型的全国高中知识大赛，往往是被东部的大城市，如多伦多、渥太华、蒙特利尔等地的代表队独霸垄断，那里的孩子从小由老师带领，专门训练。而处于大温哥华地区的不列颠哥伦比亚省，和其他加拿大西海岸各省一样，对于孩子的教育普遍崇尚自由发展，没有像东部大城市那般有计划地集中有潜力的孩子，进行专业训练的概念。

宇琪被选入不列颠哥伦比亚省代表队，在全国高中知识大赛中获得佳绩，完全是靠着自己以及队友自发性的广泛阅读大量书籍，包括天文、地理、哲学、音乐、体育、科学、古典文学、诗词歌赋等等包罗万象的知识，凭借着阅读群书的热情，以及近乎过目不忘的本领，才能脱颖而出。

婴幼儿时期的孩子，大脑正在快速地成长，如果父母能够选择有趣的唐诗，像是骆宾王的《咏鹅》，来引导小宝宝培养阅读的兴趣，不但能够帮助孩子及时开发大脑阅读的智慧网，更可以帮助他们从小养成受益终身的阅读习惯。

· 在幼儿园念故事书给同学听

从认英文字母，拼英文单词，到读英文书，成功的早期语言教育，使得宇琪从小就对阅读有着浓厚的兴趣。

宇琪小时候最爱去图书馆，总是高高兴兴地穿梭在琳琅满目的书丛中。温哥华的社区图书馆都设有儿童阅读区，五花八门的儿童读物，按照孩子的年龄，井然有序地排列在书架上。一张社区图书馆书卡，一次可以借二十五本儿童书籍，每次去图书馆，我总是带着一个结实的大袋子，装着满满一大袋书回家。书中的内容，有童话故事、文学创作、生物科学、天文地理，应有尽有，配上色彩鲜艳的图片，生动有趣。通常不到一个星期，宇琪就全读完了，还会催着我再去图书馆借书。

宇琪上幼儿园时，教室里摆着许多幼儿图书。当同班小朋友连ABC 都还不认识、总是等着老师念有趣故事书给他们听时，宇琪已经会自己读教室书架上的书。有时老师忙不过来，就让宇琪念故事书给同学们听，小朋友们总是既崇拜又羡慕地听着宇琪念故事，围着她问："你怎么会认识那么多字？怎么会读那么多书？"从小就养成良好的阅读习惯，绝对功不可没。

受到同学和老师的鼓舞，在宇琪小小的心灵中，觉得"会读书"真是件值得骄傲的事。从那以后，宇琪总是书不离手，成了名副其实的"小书虫"（small book worm）。

喜欢阅读不但能丰富知识，对于习得其他的能力也有非常大的帮助，例如写作能力。有这么一句说法："阅读先于写作。（Writing comes after reading.）"阅读大量的文章，才能拥有足够的知识，发展出独特成熟的思想，进而善用字词语句，精准表达自己的想法。

北美教育界非常注重写作能力，即使是想主修理科的学生，如果过不了写作这一关，就什么大学都别想读了。申请美国大学，写篇好的论文（essay）是必备的要素。常有课业成绩不甚理想的孩子，因为写了一篇杰出的论文而进入好大学，但是，极少有课业成绩优异却写不出好论文的学生，可以进入顶尖学府。北美教育界的观念是：不论学习专业是什么，都要靠写文章并明确表达自己的想法来与人交流沟通，所以不论是主修文科或是理科，都必须会写好论文。养成良好阅读习惯的重要性，可见一斑。

· "读书"和"读懂书"是两回事

相对于姐姐的博览群书，阅读对于弟弟宇阳，就不是那么轻松自然的事了。宇阳从小就不受管教，英文、数学、音乐、体育，不论我想教什么，得到的都是剧烈的哭闹反抗。我和先生经过仔细的幼儿心理研究，认为宇阳的问题，不在学习的内容，而是学习的心态。他以"反抗学习"，对父母想让他做的所有事说"不"，来展现他的"幼儿权威"。有了这样的体认，我和先生更坚定地要为宇阳打好阅读的基础。

尽管我们狂逼死压地强迫幼儿时期的宇阳，像宇琪一样学习英文字母和单词，但由于他缺少发自内心的主动性，学习成效不彰，勉强逼出了个"不落人后"。但宇阳显然从小就不爱阅读，就连一般小孩都喜欢的童话故事书，他也是碰都不碰。

而每个阶段的阅读，所需的词汇量均不相同。从小爱读书的宇琪，不需特别背难度高的英文单词，在博览群书的过程中，自然有机会增加多种知识领域的英文词汇量。会的英文单词愈多，阅读各类英文书就愈容易，日复一日，像是个大吸盘一样，迅速借由阅读累积知识。读得愈多，懂得愈多；懂得愈多，愈激发读的热情，宇琪的阅读经验，正是"阅读的良性循环"。

宇阳的情形正好相反，不爱阅读，英文词汇量愈少，不会的英文单词愈多，愈读不懂，也就愈不爱读。缺乏阅读，自然肚子里墨水不够，写不出好文章。先生和我看着不爱读书的宇阳一天天长大，心中的忧虑也日益加深。

为了避免天生不爱阅读的宇阳走入"阅读的恶性循环"，我和先生常常逼宇阳阅读各类书籍，有英文文学、人文科学，以及自然科学，但因为没个评量标准，他眼睛盯着书，但实际有没有读进去，我们根本无从得知。而背英文单词就不同了，可以定时定量，还可以轻易地测验成果。所以，我们帮助宇阳增进阅读能力的第一步，就是搜集各个领域的必背英文单词，强迫宇阳熟记，并反复严格的考试，来确定他真的都背熟了。

"读书"和"读懂书"其实是两件事：读书的人很多，但真正彻底明白所读内容的人，却寥寥无几。为了进一步帮助宇阳真正"读懂"所读的书，我们常常会找短篇的英文文章，规定宇阳计时读完，且为了方便测试，我们找的英文阅读短文，都有针对内容要回答的问题。这样一来，宇阳必须真的"读懂"文章的内容，就算想乱读一通，蒙混过关，也没法取巧了。

·找到学习的成就感

机会永远是留给准备好的人，正当我们不知该如何进一步激发宇阳对阅读的热情时，宇阳的学校为了鼓励小朋友多读书，举办了一个全校性的大型阅读竞赛，谁能在固定的时间内，读完竞赛规定的书籍，并答对最多针对书籍内容的问题，就是大奖获胜者。

这个比赛，正好和我们平时训练宇阳阅读的方法不谋而合，宇阳轻轻松松地就得了第一名，得到全校老师的赞赏和同学们的钦羡目光。这下大大地增加了他对阅读的兴趣，以及自己的信心。

有了发自内心的阅读动力，加上雄厚的英文单词基础，宇阳终于跟上姐姐宇琪的脚步，成为一个好读书、有思想的学生。高中时期，姐姐及她的队友们在我们家为全国高中知识大赛做赛前准备时，宇阳总是充当读题目的老师，跟着姐姐和她的队友们一起练习。遇到不会的内容，就一起去翻阅百科全书，既准备比赛，又学习知识。姐姐宇琪上了哈佛后，宇阳不但继姐姐之后成了学校高中知识大赛代表队的队长，更自己主动与好朋友结伴参加需要更多文科阅读知识的辩论队。为了能够在辩论比赛中说出自己独到的见解，宇阳时常阅读与辩论比赛主题有关的各类书籍，成为一个名副其实博览群书的好学生。

每个孩子的成长过程及学习方式都不相同，不论是像宇琪这样从小看书的孩子，或是像宇阳这样从小排斥读书的孩子，想要拥有过人的英文阅读能力，成功的步骤都是一样的。

大量高程度的英文词汇，是开启阅读之门的金钥匙；确实明白所读文章的内容，更是不可或缺的要素。通过朋友之间的互相切磋，及各样学术竞赛的激励与成就感，学以致用，才能事半功倍，让孩子发自内心地热爱阅读。

每个孩子的心中，都藏着一盏"阅读神灯"，只要我们有耐心也有决心帮孩子找出来，这盏"阅读神灯"就能为孩子照亮前途，走向成功的大道。

Box：

学习大量高程度的词汇、确实明白所读文章的内容，并找到学习的成就感，让孩子发自内心地热爱阅读。

14

德智体群美，全面发展

早起到学校参加晨间考试，晚上在学校里挑灯夜读，一千多个日子，从没有在校园以外的地方见过日出日落，经过三年埋头苦读的初中生活，十五岁的我，终于考上了在台湾人人钦羡的北一女中。著名女校北一女中一九〇四年创校迄今拥有百年历史，全名为台北市立第一女子高级中学。走在台北街头，无人不知，无人不晓，那穿着绿衣黑裙制服的女生，就是品学兼优、文武全才的北一女中生。

· 北一女中：以"德智体群美"致力培育杰出女性

北一女中，以优良的女子教育，跨越一个世纪。北一女中毕业的杰出校友，除了大家所熟知的马英九夫人周美青，及知名作家三毛外，从政治传媒、产业科学到艺文体育，遍布各行各业。积极提倡"德智体群美，五育并重"，是北一女中造就无数顶尖女性的主要原因。从百年前创校之初，就有着重女性全面且多元化的学习传统，除了在各门学科上有严格的要求，并借由各项课外活动，例如演讲比赛、诗歌朗诵等，来培养敏捷的思考及优雅的仪态；更通过各项体育活动，像是徒步健行攀登玉山，来锻炼强健的体格。二十多年前，我在北一女中就读时，就要参加严格的体育课考试，如果不能一口气游过二十五米长的游泳池，或十分钟内不能准确地投入六十次篮球，就要因为体育课不及格，而惨遭留级。当时北一女中校园游泳池旁及篮球场上，满满的女学生，认真奋力地练习游泳及投篮，不明就里的旁人，看到这样的情形，还以为自己误入了女子体校。他们哪里会知道，这群原本只知道读书的小女孩，在极富权威性的北联招考中，综合学科考试，接近满分，才能挤进北一女中的"窄门"，成为人人钦羡、品学兼优的天之骄女。

　　我的初中是位于是家附近的"福和女中"。当年福和女中的校长一心想建立学校的优秀形象，积极致力于提高学生的学习成绩。我通过考试后被分到 A 段班，也就是升学班，从此展开了天昏地暗的升学生涯。"万般皆下品，唯有读书高"，再加上以"读好数理化，走遍全天下"为不变的真理，学校唯一重视的就是学业。该上体育课的时间大家不去操场，都留在教室里上数学课，音乐课改成化学课，美术课改成英文课。星期一到星期六，基本上每天天还没亮，就已经到学校参加晨读，直到晚上九十点钟后，才拖着疲惫的身体从教室出来，慢慢地走回家。星期天更为忙碌，从早到晚参加各种补习班，生怕比别人少学到一些。记得学校里有位特别严格的化学老师，高高的个子，不苟言笑，每次在发改过的考卷时，叫全班站起来，一个一个学生念名字，念到名字的同学到教室前面领考卷。只见他一手拿考卷，一手拿藤条，以一百分为基准，少一分打一下。幸好，我的化学成绩向来不错，但看着同学们一个个手被打得红红肿肿的，心里在想，这真是痛苦的求学生涯，教育一定要这样吗？这样的教育就可以教出好学生，就可以教出对社会有用的优秀人才吗？

·读书只是人生的一小部分

在考入北一女中后，我才真正明白，原来读书只是人生的一小部分，课业成绩固然重要，但绝不是成功的代名词。北一女中的校风是德智体群美五育并进，学校经常举办大型的文艺活动或集体比赛，来增进同学们之间的感情。高二时班级之间的团体诗歌朗诵比赛就是当时非常有名的团体活动。以班级为单位，当时我所在的年级各班以"忠孝仁爱，信义和平，公诚勤毅，温良恭俭"命名，我所在的是毅班，班上每个人都要参加，从写稿、排练到配制音乐都要自己组织、策划。因为我是学校的司仪，又对演讲和朗读很有兴趣，同学们便推举我为总负责人兼指挥。记得当时校方请来知名作家和诗人来做评审，我们班的节目《年轻真好》，以自己创作的新诗，配上轻快明朗的音效，生动活泼地诠释出青少年多彩多姿的生命热情，深深地抓住了各位评审的心，得到全校第一名。

在北一女中三年的时间，我学到最多的，不是课业上的知识，而是生活的态度。北一女中的老师，没有主科副科之分，数理科老师绝不会占用体育或美术课的时间，来为大学联考加强复习；更没有拿藤条体罚学生的事。所有的老师，都以"德智体群美"为教育方针，着重激发学生的上进心及荣誉感。这也是为什么北一女中的学生，不仅能在大学联考中屡屡夺魁，并且在各项高中运动及艺术竞赛中表现优异。教育出十项全能又会读书的优秀女孩，使得北一女中的名声，历百年而不坠。

我在台北就读的两所女中，虽然都是以课业为重，但在教育本质上有很大的不同。当年新成立的福和女中，为了帮助想进入顶尖高中的学生提高成绩，采取"专攻考试科目"的教学方针，或许能收到短期进步的效果，但只有读书考试的生活，没有办法使孩子发自内心地喜欢求知，认真上进。北一女中的全面发展教育方针，才真能培养出积极进取的优秀学子。在亚洲普遍填鸭式教育下成长的我，一直到十五岁，进入了名校北一女中，才有幸在真正优良的教育环境下学习。多年后，当我初为人母，第一次问自己该如何教育自己的孩子时，北一女中的教育原则"德智体群美"，就这样清清楚楚地出现在我的脑中。

·西方社会更重视体能教育

西方社会重视体育的程度，就像中国家长重视课业及音乐一样，几乎没有一个孩子不从小学习游泳、溜冰及滑雪等各项体育技能，并积极参加各种社区球队。正当中国家长狂热地送孩子上音乐班、奥数班时，西方家长则是热情地带着自己的孩子，参加各种体育活动，并随着儿童球队，到处比赛。针对孩子每天的行程安排，大部分的华人家长，会把握早晨宝贵的时间，让孩子好好学习功课，有些热衷于音乐的家长，会一早就督促孩子认真练琴，但是绝大部分的西方家长，则是一大早就送孩子去体能训练。记得宇阳小时候，我帮他报名社区提供的儿童冰球队，练习时间是排在上学前早上六点。我以为一大早根本不会有什么人去参加练习，没想到，到了溜冰场上，一群群的西方家长，早在溜冰场旁兴奋地为自己的孩子加油打气。这是我第一次深刻感受到西方家长对孩子体育活动重视的程度，这是华人家长难以想象的。

·从婴幼儿开始，实行五育并重，全面教育

不可否认，学龄前的孩子，无论是头脑或身体的成长发育都是最快速的时期，这个时候的孩子，最重要的学习环境就是家庭，最重要的教

育，就是来自父母亲人的教育。如果家长偏重课业，孩子也就自然而然地觉得读书最重要；如果家长偏重体育，孩子也就自然而然热衷体育活动。当年的我，才二十多岁，算是年轻的妈妈，由于没有合适的人可以帮忙照顾宇琪和宇阳，只好做全职妈妈。那时我就常想，照顾教养自己的孩子，也是一份非常重要的工作，我要如何才能做一个称职尽责的全职妈妈呢？养大孩子，应该不难，看每个孩子不都这么一天天长大了？但教育孩子，就不是件容易的事了。成功的教育，必须要有目标及原则，再加上全面的教学计划。宇琪、宇阳婴幼儿时期，我就决定，要以我在北一女中所体会到的教育理念为基础，以德智体群美五育并进为方针，希望能将我的一对子女，教育成积极进取、全面发展的有为青年。当时真没想到，十多年后，宇琪、宇阳能以多方面优异的表现、乐观开朗的性格，相继在十六岁时，被哈佛大学提前录取。

对婴幼儿来说，"德"的教育，很简单很直接，就是不要任性乱哭，要先学会"听道理"，才能进一步"讲道理"。在家里要对父母亲人有礼貌，不可以仗着自己小，就无理取闹。在幼儿园里，要学会"分享"（Share），和别的小朋友一同分享玩具，学习最简单的与人相处之道。孟子说"人性本善"，荀子说"人性本恶"。我却觉得孩子就像一张白纸，在上面涂红的，就是红色，在上面涂黑的，就是黑色。我希望自己的孩子，长成善良、正派、乐观、上进的青年，从小就在家庭教育中，灌输他们这个道德方向的点点滴滴，这便是最早期也是最重要的"德"的教育。

"智"便是学科的教育。婴幼儿时期，由于大脑正迅速成长，是学习语文、数字、思考推理最重要的关键时期。

"体"是指体育体能，也就是运动。婴幼儿时期，不只大脑正迅速成长，孩子的身体各部位，也在迅速地成长发育。这时候，不只是充分的营养，对孩子身体各部位的发展很重要，适当及全面的体育活动，更是刺激孩子身体健康成长不可或缺的要素。

"群"讲的是群体合作，团队精神，如果没有从小养成孩子与人相处的良好方式，不可避免地，会造成孩子将来进入社会的适应不良。所以尽早带孩子参加群体的幼儿班，培养与别的小朋友相处沟通的能力，是非常必要的。

"美"是指艺术类，例如绘画、音乐等。早期接触学习艺术类的活动，不但能激发孩子右脑的发展，更可以激发孩子的想象力及创造力。

·动静互换，运动可以是最好的休息

从宇琪、宇阳婴幼儿时期，我便以"德智体群美"，为我们家庭教育的重要方针。其实这五育中，只有以"智"为主旨的教育，是传统的学科教学，也比较枯燥乏味：尤其是小小孩，他们的专注力往往不能持久，如果长时间叫他们规规矩矩坐着读书，孩子们很快就感到无趣，没法集中注意力。在教育幼小的宇琪、宇阳时，我总是将音乐及画画等有关"美"学的教学内容，掺杂在学科的教育中，通常以半小时为单位轮换，以富有变化的教学内容，来保持住孩子对学习的新鲜感。但小孩毕竟是小孩，很容易坐不住。这时候，如果能适当地加入"体"的教育，不但给了孩子学习各种体育技能的机会，更能够以"运动作为休息"：跑跑跳跳运动完了，不但有益幼儿身体健康，也补足了精神，又可以再接着学有关课业方面的知识。

宇琪、宇阳小时候，我总是给他们报名大约四十五分钟长的幼儿球队班，像幼儿足球队、幼儿篮球队等，不但早早培养出球感，也借由幼儿球队的集体练习，提供了最好的早期"群育"的教学环境。

　　"变化"是成功教育小小孩的关键，尤其是婴幼儿，"没长性"是他们的特色，做父母的我们，必须顺应孩子的天性，给他们安排目标明确而又富有变化的学习作息表，将运动安排成孩子数科学习中的休息活动，不只可以锻炼孩子的身体，更可以借由动静互换的活动，来提高孩子学习的兴趣，这样，不但可以尽早提供孩子优良的五育并重教学环境，更可以有效地利用孩子在婴幼儿时期的宝贵学习时间，培养出乐观阳光的杰出青年。

Box：

　　1. "德智体群美，五育并重"，从婴幼儿开始，实行五育并重，全面教育。

　　2. 婴幼儿的教育，必须有动静互换的活动、富有变化的内容，才能提高孩子学习的兴趣，取得好的成绩。

体能也是一种智能

哈佛院长在欢迎大一新生及家长的演讲中，特别指出："我们认为体能也是一种智能。（We consider physical ability as one kind of intelligent.）"一般来说，"体能"是通过身体肌肉互相协调而表现出来人体基本的活动能力，而"智能"则是强调脑部思考记忆的整合能力——将体能归为智能的一部分，倒是从来没有听过的逻辑。自古以来，华人特别重视读书考试的能力，对智能的崇尚远超过对体能的追求。我们普遍有个错误的想法，认为哈佛充满只会读书的天才，却不知道哈佛的高才生绝大多数都是杰出的运动员，他们不只学业成绩优异，在各项体育比赛中，拥有州立排名的比比皆是。这就是哈佛所强调的全面性优秀，而不是只会读书的书呆子。

· 规律的运动，可以增进记忆力

哈佛医学院的研究报告指出，定期规律的运动，可以帮助增进记忆力以及思考判断的能力。运动对大脑的影响，可以分成直接性影响及间接性影响。规律的运动可以直接降低胰岛素抵抗（insulin resistance）及细胞发炎（inflammation），并且刺激身体释放成长必要的元素，使脑神经及脑细胞健康成长。运动对大脑间接的影响，是改善情绪及睡眠，并且降低压力及焦虑。长期处于过高压力及时常焦虑的孩子，会脑神经失常，不能正常工作。哈佛脑神经专家麦金尼斯博士在他的研究报告中指出："规律适量的运动，超过六个月或一年以上，就会使部分区域的脑神经量增加，而这些因长期运动而增生的脑神经，正是控制我们记忆及思考的重要部分。"由于受到西方文化的影响，我从小就给宇琪和宇阳安排半天课业学习，半天体育活动，从填鸭式教育下长大的我，觉得孩子的半天体育活动，就像玩一样生动有趣，经由游泳、溜冰、足球及冰球等活动，让孩子边玩边锻炼身体，常常运动过后，更有精神读书及练琴，非常有效率。

·为孩子选择专业的老师

先生和我的家族明显地都缺乏运动细胞，从基因学的角度来看，我们的孩子是不该有体育天分的，但随着宇琪一天天的长大，先生和我惊讶地发现，宇琪在运动上，似乎学什么像什么。在温哥华的孩子普遍从三岁开始在社区的游泳池及溜冰场里，按照政府规划好的游泳及溜冰课程，通常分为十级，一级级地往上学。宇琪总是一次就过关，轻轻松松地学会游泳及溜冰。通过十级后，我们怕宇琪没有地方继续锻炼身体，就把她送到社区儿童游泳队，跟着专业教练及队友，正式开始参加游泳比赛，至于溜冰，我们觉得女孩子打冰球有些太野蛮了，便送她去学花样滑冰。

进入了专业的游泳队及花样滑冰队之后，我们才发现以前在社区儿童游泳及溜冰课所学的基本功太不正规，但宇琪已经养成了这些不专业的游泳及溜冰的方式，要再更改，似乎比重新学新的技术还要难。另外我们也惊讶地发现，那些在专业游泳队及花样滑冰队中拔尖的孩子，他们的父母都曾经是该项运动的选手，通过和这些父母聊天，我们才发现自己浪费了许多让宇琪正确学习标准的游泳及溜冰技能的宝贵时间，现在坏习惯已经养成，年纪也大了，不可能再被训练成专业的体育选手。常听到人说："龙生龙，凤生凤。"总觉得是基因问题，现在才发现，有经验的父母，可以适时且正确地引导教育孩子，不走错方向，不错过黄金学习时期，这才是重要的原因。

父母当然不可能什么都会，在替孩子选择才艺老师及体育教练时，必须特别注意专业的训练及教师执照，确保孩子一开始就以正确的方式学习，如果到了全国大赛的程度，更要为孩子请有经验并且权威的名师及教练，才能把握重点，学有所成。

·体能也需要从小训练

记得小时候宇琪和宇阳上蒙台梭利幼儿园时，宇琪就很爱去体育练习区玩各种各样的体操设备，而宇阳总因为怕摔到自己而不去体育练习区玩。当时幼儿园老师就告诉我，如果在幼儿时期，不多利用不同功能的体操设备，来锻炼身体各部位肌肉的发展及配合，将来学习体育技能会有困难。以前我觉得，运动只不过是锻炼身体罢了，喜欢什么做什么即可，没想到小孩子的发展，连学习体育技能都有黄金期，难怪西方教育从小就重视孩子的全面发展。

"做个比萨饼（make a pizza）"，这不只是每个加拿大的小孩上滑雪课听到的第一个指令，更是宇琪申请哈佛时写论文的开头句，虽然宇琪自己没机会成为奥林匹克运动会滑雪选手，但在十五岁时就考上了加拿大滑雪教练证书，在二〇一〇年冬季奥运会的正式赛场赛普莱斯雪山（Cypress Mountain）教小朋友滑雪，宇琪说："会走路的小孩就可以开始学滑雪，而且愈小平衡感愈好，学得愈快。他们穿着滑雪板，就像穿着鞋那样在雪上行走。第一堂滑雪课，便要教会小朋友们用滑雪板形成八字形，就像一片切成八字形的比萨饼那样，才可以增加阻力，在高速滑行时，成功地制动。"宇琪申请哈佛时的论文，正是以她如何将自身学习体育技能的经验，用来教滑雪场的小朋友们，使他们能正确并且快乐地学习滑雪，希望帮助他们长大后，能成为代表国家出赛的奥运滑雪选手。

常春藤（Ivy League）其实是源于美国东北部的八所大学所组成的校际体育竞赛联盟，由此可知美国著名大学对体育活动的重视。如果我们进一步推敲"智能"的定义，可将其分成"智慧"及"能力"，从感觉、记忆、思维到逻辑，这一过程是为"智慧"；有了智慧，就产生了语言和行为的表达，这一过程是为"能力"，两者合称"智能"。而行为的表达，必须基本在身体肌肉全面性的协调合作，所以哈佛大学将"体能"列为"智能"的一种，非常有领导性，提醒所有的家长，体能之于教育的重要性，只有从小将体能训练和学术教育一样重视，才能培养出身心健康的优秀青年。

Box：

1. 从小将体能训练和学术教育一样重视，才能培养出身心健康的优秀青年。

2.哈佛医学院的研究报告指出，定期规律的运动，可以帮助增进记忆力以及思考判断的能力。

3.为孩子选择专业的老师，避免学错了，错过黄金学习时期。

16

计划胜过变化

多年前，我每天忙着接送宇琪、宇阳上音乐课、游泳课、溜冰课及滑雪课等幼儿才艺班，先生很多从大陆来的朋友，非常看不惯我这个台湾妈妈把孩子的时间排太满，对我说："要给孩子多一点自由玩乐的时间，不用学东学西的，像我们从小除了上学，什么也没学，还不是以杰出的课业成绩移民北美。"

当日的话言犹在耳，一转眼快过了二十年，新一代的中国移民，对孩子的课业辅导及课外活动极其热衷，其疯狂的程度，令我这个从小重视教育的全职妈妈都叹为观止，望尘莫及。从额外的才艺都不用学，到现在琴棋书画、各项运动，无一不学，显然在这二十年间，祖国不仅经济蓬勃发展，对孩子教育的重视程度更是有翻天覆地的变化。

庆幸的是，好在我当年没有接受先生朋友的"善意规劝"，一直以来，始终维持一贯的教育方针，以德智体群美五育并进为原则来培育两个孩子。

·变来变去是教不好孩子的

现在家家户户以孩子的教育为第一要务，亲友聚会聊天的内容，不外乎孩子学了什么、会了什么、参加什么比赛、得了什么奖品……在好胜攀比的心态下，今天听到邻居家的孩子钢琴比赛得奖了，赶紧给自己的孩子上钢琴课；明天听到同事的孩子赢了奥林匹克数学竞赛头奖，赶紧给自己的孩子上奥数班。然而，教育是日积月累的工程，若是朝三暮四、见异思迁，不停给孩子增加新的学习项目，或频繁改变学习课程，只会样样蜻蜓点水、学无所成。

多年前，我和一个孩子尚小的妈妈聊天时，无意间提到，如果孩子不是对钢琴或小提琴特别感兴趣，不如学大提琴或其他管乐器。不仅因为学的人少，竞争没那么激烈，还可以参加青少年交响乐团，结交更多有音乐天分的好朋友。没多久，这位认真的妈妈就把她的孩子送去学大提琴。学不到一年，就听她抱怨大提琴老师不好，孩子都没兴趣拉琴，也不花时间练琴，后来在电视节目上看到美国前总统克林顿萨克斯风吹得很好听，想改学萨克斯风。就这样过了将近一年，又听她说，吹萨克斯风不能进青少年交响乐团，要再改学黑管。这么左一年右一年，已经平白浪费了两三年，孩子都上中学了，学校课业也加重，我遗憾地想：真是白白耽误大好的学习时间！

从教育观点来说，"计划赶不上变化"是绝对无法有效教育孩子的。不论学习任何特殊才艺，或任何一门学科，都有一定的困难度，必须要有长期并合理的计划，再加上日积月累的坚持，才有机会学有所成。每个孩子在个性及才智上都各有不同，孔老夫子在两千多年前就告诉我们"因材施教"的重要性，可是绝大部分的现代父母，花了太多的时间去打听别人的孩子学了什么、会了什么，而忽略了用心观察自己孩子的兴趣及潜能。

·不必跟流行

位处寒带的加拿大，溜冰滑雪等冬季活动十分普及，几乎每个加拿大的小孩子，都从小在社区活动中心学溜冰；宇琪也不例外，一岁多学会走路后没多久，就开始学溜冰了。宇琪总是认真地在溜冰场上一遍又一遍练习老师教的溜冰技巧，很快就完成了加拿大社区活动中心提供的所有基础溜冰课程。

当时和宇琪一同学溜冰有好几个女孩子，都学得很好，她们的妈妈都很自豪自己的女儿有溜冰天分，在互相竞争攀比的气氛下，纷纷找了我们社区的名人——冬奥花式溜冰银牌得主卡琳·迈格尼森——当孩子的溜冰教练。看到别的妈妈心比天高地将自己的女儿送上花式溜冰奥运之路，我虽然也有点动心，但总觉得宇琪的溜冰天分还到不了奥运的水平，如果只为了和身边的妈妈们比高下，就花钱费时地送宇琪走上专业花式溜冰的训练之路，难保将来不会落个得不偿失，一事无成。

从小送宇琪学溜冰，一方面是因为这里的孩子都会溜，另一方面则是为了运动强身，所以当我们决定不再往花式溜冰的方向走后，就想着再给宇琪找一个喜欢的体育活动，一边学习新的活动，一边锻炼强身。

那时五岁的宇琪正适合学滑雪。温哥华虽气候温和，不常下雪，但温哥华市却有三座雪山环绕，滑雪场设备完善，提供正统并富有趣味的幼儿滑雪课程。宇琪因为有很好的溜冰基础，学滑雪也触类旁通，很快就对滑雪充满了浓厚的兴趣。

由于宇琪从小内向害羞，看上去总是面无表情。自从在雪山上学滑雪，近距离的感受到大自然的神奇与壮观，小小的宇琪也愈来愈健康活泼，比在室内溜冰场学溜冰时开心多了。就这样，我们每到冬天，就送宇琪去雪山上学滑雪，没有什么别的要求，只以锻炼身体为目的，没想到宇琪十五岁时就考上加拿大滑雪教练证书，之后在二〇一〇年冬季奥运会的赛普莱斯雪山上教滑雪。回头想想，好在当年没有一窝蜂跟着别人去追寻花式溜冰的奥运梦。

· 制订合理的目标，严格执行

宇琪个性乖顺，只要父母帮她选好方向，她都会按部就班学习，做得总是比我们预期的好；宇阳就完全不同了，什么都"拒学"，就连由妈妈陪同参与的基础幼儿游泳课，都要大哭大闹拒绝。

面对宇阳的无理取闹，我也不必深究他乱哭胡闹的动机，学会游泳不过是一般求生的技能，更是加拿大的孩子都会的体育项目，所以不论宇阳是天生怕水还是存心偷懒，不想学习或练习新的技能，都不该被姑息。于是我一次又一次帮宇阳报名同等级的幼儿游泳课，心想，如果其他的孩子都能在这个课程中学会游泳，宇阳一定也可以。终于皇天不负苦心人，宇阳进展缓慢地学会所有游泳的技能，若干年后，也跟着姐姐宇琪参加了社区游泳队。虽然宇阳始终游得不是很快，但多年的训练不但使宇阳在中学时期就考上加拿大救生员执照，更凭借着他培养多年的水性，参加社区水球队，分别在二〇一一年及二〇一二年跟着优秀的队友打出了两个省冠军。

宇琪和宇阳去哈佛读书之后，我常常自己去游泳健身，有时碰上幼儿游泳班下课，一群群的妈妈在更衣室中一边帮自己的宝宝洗澡，一边不停询问别人的孩子考过这一次的游泳等级没有。看着她们，不禁让我回想到宇琪、宇阳小时候，我似乎从没有在意过别人的孩子游泳等级考过没，可能是因为宇琪总是一次就过，我不需要和别人比较，而宇阳则是次次都不过，我也不想和别人比。但是，不论是听话乖巧还是任性胡闹，只要父母认清目标，坚守原则，可以培养出相同优秀的孩子。就像长大后的宇琪、宇阳，同样拥有游泳及滑雪教练的资格，新认识的朋友没人能看出他们学习体育之路，竟然有这么大的差异。

　　成功的教育必须坚持以下两个原则：
　　第一，谨慎制订可达到的目标（make achievable goal）；
　　第二，严格遵守可执行的计划（follow reasonable plan）。

　　以运动为例，若是让孩子以拿奥运奖牌为目标，每四年全世界只出三个女子花式溜冰得主，制订这样的目标，就和叫孩子上天去摘星星一样，只会使孩子失去原本的热情与动力。相反，如果依照孩子的能力，制订可达到的目标，像是考上游泳或滑雪教练，就可以为孩子提供努力的动力。目标一旦确立后，就必须确实遵照可执行的计划，不能因为孩子懒惰任性胡闹，或者其他突发的原因而中途放弃，教育靠的是经年累月的功夫，如果计划总是不能胜过变化，必定会徒劳无功。

Box：

　　1. 教育靠的是经年累月的功夫，如果计划总是不能胜过变化，必定会徒劳无功。
　　2. 成功的教育必须坚持以下两个原则：
　　第一，谨慎制订可达到的目标；
　　第二，严格遵守可执行的计划。

第二部

小学习惯教育

NO.2

17

读懂孩子，对症下药

"宇琪，听懂了吗？"由于宇琪出生时的高烧意外，我们一直担心她各方面发育比较慢，所以总是利用时间，在家中教育宇琪，希望尽可能开发她的智力。久而久之，养成了家庭教育的习惯。

在家里，我是妈妈，也是老师，亲自教授所有宇琪可以学习的学科。每教完一个章节，我总要确定她是否彻底明白了教授的内容，再给予相关练习，加强对学习内容的熟悉度，才进行下一个更深更难的章节。

·孩子是真不懂，还是装不懂

小学二年级时的宇琪，总是兴致勃勃学着我教她的一切，在我教完后，还会高兴大喊自己会了，很自豪可以学会课外的学科知识。但好景不长，隔不了多久，她便开始支支吾吾的，说听不懂、不会做。我只好不停降低学习内容的难度及分量，但宇琪还是总说"不懂、不会"。我一直不明白为什么宇琪会"愈来愈笨、愈学愈慢"。直到有一天，我故意重复教授了以前学过的章节。数个月前，宇琪第一次学这章节时，明明学得又快又好，为什么事隔数月后，第二次学同样的章节，反而听不懂？

"宇琪，这个章节，以前学过，那时你很快就会了，而且练习题都会做。为什么现在同样的东西，再学一遍，你反而说内容听不懂，练习题也不会做呢？"宇琪睁大她幼稚纯真的眼睛，看着我，认真地回说："我如果说听懂了、会做练习题了，那你就会给我很多作业；做完后，就要再学新的章节，就会有更多的作业。但我如果说听不懂、不会做，作业就会愈来愈少、愈来愈简单，那我才有多出来的时间可以玩啊！"我被宇琪诚实又正经的回答弄得啼笑皆非，这才明白，原来我的小女儿，不是愈学愈笨，而是"愈学愈懒惰"。

想想也是，谁愿意多做事、少玩乐？尤其是小学时期的孩子，在学校里交了新的小朋友，接触许多在家中没见过的新鲜事物，突然发现，有太多比读书写字更有趣的事可以做了，又有哪个小孩会心甘情愿坐在书桌前读书学习？

小孩子天性贪玩，不喜欢被约束，长大成人的我们，明白天底下没有不劳而获的事情，再加上身上肩负许多责任，使我们克制自己想玩、想放松的念头，认真上班赚钱打拼，只希望能过上更好的生活。但小孩子可没有大人这般成熟的想法，小学时期的孩子想法简单直观，只看得到眼前的事，不明白所谓的"前途"及"未来"，所以企图对他们说要认真求上进的大道理，使他们主动自发读书，无异于对牛弹琴，白费功夫。他们对此完全不能理解，只想做有趣的事，玩好玩的东西。

· 强制学习，不是不行，但要用对时期

所幸小学时代的孩子，由于刚由家庭迈入学校，普遍比较听话受教，又离青春叛逆期还远，是最好的"主导学习期"。前几年"虎妈狼爸"盛行，凭良心说，我觉得那套"强势教育法"只勉强适用于小学生，在任何其他的教育期，都会弊多于利，起到反效果。但在小学时期，如果能够实施中国传统以父母老师意见为重的主导式教育，不但可以尽早培养孩子良好的学习态度和习惯，还可以借由小学六年的时间，提高孩子对自己学习能力及成果的要求。

在北美的教育制度下，老师对教学的认知重点，不是在"教"学生知识点，而是在"帮助"学生掌握学习的方法。国内的教育近年来虽有不少改进，但大多停留在传授孩子知识的层面，并且主要内容以准备未来的考试为主。对于提前学习，家长一方面担心如果学前阶段已经学过了入学后的知识，等到入学再学的时候会觉得自己都会了，因而产生厌学的情绪或养成浮躁的习惯；另一方面，家长也会觉得剥夺了孩子童年的"欢乐游戏"时间。长期以来，华人教育因为准备中学及大学联考，竞争激烈，使得多数家长误以为学习等于痛苦，但事实上小孩子正值脑力成长的快速期，如果没有足够新奇的知识，来满足孩子正在成长的脑细胞，孩子很容易觉得无聊，只好以电子游戏或是其他不良活动来填补空虚，不但浪费了可以用来学习新知的宝贵时间，更有可能养成终日无所事事的坏习惯。我以前在家中对宇琪、宇阳进行早期教育时，都是着重在把孩子们可学习的知识，放在一些日常的阅读和游戏中，他们非但不觉得学习是件苦差事，反而觉得生活中处处是新知，养成了快乐学习的好习惯。

再者，如果我们因为要等孩子将来在学校里学，而限制孩子接触探索他们可以在家中自学的知识，无异于因噎废食。在孩子还小的时候，家长适时帮助孩子设定适合他水平的学习目标，孩子并不会因为自己快人一步而骄傲或浮躁，相反，在这个过程中，会逐渐养成良好的自学习惯，将来在学校里，也会因熟悉理解教学内容而感到自信。当然，这也对家长提出了更高的要求，需要家长更仔细地观察孩子，在不同阶段，针对孩子可以学习的知识，提供给孩子必要的优良教材，从小教育孩子主动求知。

在学校上课，通常是数十人的大班教育，即使是以能力分班，数十个学生天赋不同，学习的速度自然也就不同，而任教的老师，自然而然地会以班上学生的平均学习速度，来当作教学的指标，如果我们完全依赖学校老师的教学，那孩子的学业成绩只达到平均水准，是再自然不过的事了。但若是我们希望孩子名列前茅，就必须让孩子养成良好的自学习惯，"课前预习，上课认真，课后复习"，并且对学习内容，做深入的研究及了解。从小让孩子明白，学习不是只靠老师教，而是要自发学习，才能真正融会贯通，学有所成。

在宇琪、宇阳小学时期，我不但严格要求他们必须做完所有我要求他们做的练习题，并且必须达到接近完美的程度。我时常告诉他们，小学所学的各种知识及技能，都是比较简单的，如果这个时候，都不能对自己要求完美，那到了中学，就更难了，就更不可能有好的成绩。小时候的宇琪、宇阳根本不明白求上进的大道理，只知道，做不到 95% 以上，就要重做，他们为了多一些可以自由玩乐的时间，还是专心将他们应该完成的作业，做得又快又好，明白这样才不需要浪费时间重做因不认真而做错的功课。

由于长期有效率的家庭教育，已经教会了宇琪、宇阳在学校要学的主要小学课程，所以他们都觉得学校的东西很简单，这时我便严格要求他们，在学校要认真听课。如果老师教的内容与在家学的相同，就是最好的复习时间，如果老师教不曾学过的新知识，就要认真地学会。所有老师规定的作业，必须提早两天完成，并且以得满分为自我目标。所有学校排定的考试，要提早充分准备，以考一百二十分为目标，意思就是，要准备得比考试要求的还仔细深入，这样即使考不到一百分，至少也有九十八分。

·放任孩子过低的自我要求，绝非上策

许多妈妈来向我取经时，会提到自家小孩的学习方式及态度，我常常十分讶异他们错误的读书习惯，以及过低的自我要求。更麻烦的是，上了中学的孩子，由于已经纵容自己懒惰的天性多年，养成了根深蒂固的坏习惯，再加上青春叛逆期将近，真的很难沟通，更难管教。结果就是，小学时期，浪费了太多可利用的时间，不但学的知识及技能不够多，也没有养成刻苦读书的好习惯。上了中学后，不但在课业上感到力不从心，更因为长时期对自己要求过低，很容易在各方面原谅自己，给自己的不努力找遍借口。此时，碰上求好心切的父母，因为希望孩子能够考上好大学，不自觉地以"强势教育"，对待逐渐步入青春叛逆期的中学子女，正是怎么说怎么错，无论怎么教，换来的都是反抗。相较之下，小学教育是养成良好读书习惯的重要时期，这个时期的孩子，虽然也会不听话，但毕竟还小，不敢真的起而反抗，也不会用"离家出走"这种剧烈极端的方法与父母抗争。

人都有惰性，小孩子更觉得"玩"是理所当然的事。在说大道理无效的事实基础上，做父母的我们，必须在小学时期就下定决心教导尚不懂事的孩子提高对自己的要求，并且帮助他们培养正确的读书习惯，长大以后，到了难管教的青春叛逆期，才能凭借孩子既有的良好习惯，加上父母的理性诱导，使中学时期的孩子在人格和学业上，以乐观积极的态度，创造出优良的表现。

Box :

1. 在小学时期, 如果能够实施中国传统的以父母老师意见为重的主导式教育, 不但可以尽早培养孩子良好的学习态度和习惯, 还可以借由小学六年的时间, 提高孩子对自己学习能力及成果的要求。

2. 小孩子正值脑力成长的快速期, 如果没有足够新奇的知识, 来满足孩子正在成长的脑细胞, 孩子很容易觉得无聊, 只好以电子游戏或是其他不良活动来填补空虚, 不但浪费了可以用来学习新知的宝贵时间, 更有可能养成终日无所事事的坏习惯。

18

和小孩斗法

　　曾经有个有趣的电视剧叫《婆媳过招》，剧中以日常生活的琐事，生动地描绘婆媳之间因为立场不同，而发生的种种矛盾及冲突。但由于婆婆心疼自己的儿子，媳妇顾念自己的丈夫，所以在"斗法"的过程中，总是进进退退，有输有赢，达到势均力敌的动态平衡。

　　现在的孩子，从小就古灵精怪，我们做父母的，常常处于必须与孩子斗法的状态而不自觉，更惨的是，由于孩子"要玩，不要读书"的目标明确，为了满足自己贪玩的目的，总是勇往直前地与父母斗法，而父母虽想孩子认真学习，又怕剥夺了他们的童年；孩子犯了错，想要处罚，又舍不得，结果就是在与自己孩子"斗法"的过程中，屡战屡败，无法在孩子心中树立起为人父母该有的基本权威，更别谈怎么教育孩子了。

　　· 斗法三步骤：不练、少练、胡乱练

　　宇阳从小不把聪明用在正当的学习上，专门用来想方设法地达到他偷懒贪玩的目的。就以练钢琴为例，他偷懒的目标不但明确，而且有阶段性，以"不练，少练，胡乱练"三步骤为原则，与我斗法。

首先自然是"能不练则不练"。宇阳先理直气壮地对我说："我的同学，回家后都不用练琴。"一听到他这么说，我立刻反驳："你的华裔同学，没有一个回家后不用练琴。"

宇阳听到我迅速又严肃的回答，知道自己"偷懒最高目标——不练"是不可能达到了，于是他很灵活地转以"少练"为目标，开始和我进行第二阶段的"亲子过招"。"可是我今天学校功课很多，只能练半个小时，不能练一个小时。"这话一听，就知道是宇阳想以做学校功课为借口，坐在书桌前混时间，达到"少练琴"的目的。洞悉了他偷懒的说辞，我立刻说："喔，那你今天一定也没有时间看卡通影片了。"宇阳一听，那可不行，一时情急，开始胡搅蛮缠，倒在地上撒野，我立刻坚定地说："快起来写功课，练好琴，做完后还有时间看卡通。再继续耍赖，不但今天不准看卡通影片，这个星期都没的看了。"宇阳知道我向来说话算话，再闹下去，可要吃大亏了，只好心不甘情不愿地坐了起来，开始练琴。

这下我们母子进入了斗法第三阶段——"胡乱练"，宇阳嘟着嘴，坐在钢琴前，两手随便放在琴键上，想混过这一小时。我对他惯用的伎俩，早有准备："你如果按照老师说的，一段一段认真地好好练，半小时后，我来听你弹，若弹得好，就不用练到一个小时。"宇阳听到有机会可以缩短练琴时间，自然高兴，坐在钢琴前专心认真地练习，而我也耐着性子，始终坚定立场，与儿子辗转周旋数回后，终于让他定下心来专心练琴。

·读书不是借口

常听到别的妈妈抱怨自家孩子天天开着计算机写功课，一叫他们把计算机关了，孩子就理直气壮地说："我要用计算机查资料。"这时候，父母如果不仔细观察孩子到底是不是假借读书之名，实际上是用计算机与朋友聊天而被孩子随便糊弄过去，这就不只是一次斗法败下阵来，而是间接鼓励孩子，以读书为借口，掩饰偷懒玩乐的行为。

还有些小孩子读书写功课时，坚持要关上房门，说这样才能专心，在我看来，只有过分天真或是懒得管教的父母，才会自己骗自己，相信孩子这种装认真的说法。在我们家，孩子从小读书就不许关门，也很少用计算机——小学生要用计算机查什么资料？就算要查，父母也可以陪在一旁，千万不能养成孩子边读书边上网的坏习惯。

宇阳小学的时候，我为了督促他学习，根本没有给他准备专用的书桌，我们家的餐桌，就是他的书桌，我一边做饭，一边盯着宇阳读书。宇阳从小爱吃肉，正好用美味的炸排骨，来引诱宇阳有效率地做好自己该做的功课。

小孩子普遍自制力比较差，他们明白父母老师说的道理都对，比如说："要把功课做完了再玩"，或是"不要边上网聊天边写功课"，但他们年纪小，缺乏管理自己的能力，我们应该要充分相信孩子有上进求好的理想，但是在现实生活中，尽量不要给孩子制造犯错的环境，帮助他们克制爱玩的心态，养成心口如一、认真上进的好习惯。

· 洞悉孩子的逃避心态

宇阳不只练钢琴要跟我斗法，课业学习也随时找机会与我过招。语文能力的学习，多练习几次就容易见效，还算好解决；真正麻烦的是像数学这样理解性的学科。如果孩子顽劣地说自己不懂，又故意做错，那才真是令人头痛。

宇阳学数学时，最常说的话就是："我很笨，我不会做这个数学题目。"因为他发现只要说不会做，就可以做简单的题目，好做又好混；反倒是一直做对，就要学更难更多的数学题。所以，向来以偷懒玩乐为最高目标的宇阳，很快就发现"说自己笨，不会做数学"才是最有效的方式。

由于教宇琪时，我已经有过同样的经验，为了确定宇阳是耍小手段，企图偷懒，我刻意将难易不同的数学四则运算题，交错在不同天给宇阳做，没几次，小小的宇阳就被我搞糊涂了，露出了马脚。原来这些相关的四则运算题，他早就会了，只是在装傻，不想学新的。

"宇阳，你每天反正要花半小时学数学，如果认真地学，每天都可以进步；相反，如果你每天混，只想做简单的题目，也要花半小时，但却没办法进步，只是每天在浪费自己的时间。"宇阳明白自己偷懒的小伎俩被妈妈识破，也渐渐理解，若是再不思进取，对自己的学习也没半点好处。

小孩子天性爱玩，不明事理的小学生，更是不能理解父母为什么总逼着他们过枯燥的学习生活；而脑子灵活一点的小孩，自然会"乱用"他的小聪明，抓住父母疼爱他们的弱点，不厌其烦地与父母斗法，满足贪玩的本能。

父母必须洞悉孩子的逃避心态，才有机会在日常生活中，主导家中的"亲子过招"，不然就只能连孩子设的局都还没看清，就高举白旗，败下阵来。输了"亲子过招"事小，但孩子却从小养成了敷衍的习惯，就真的得不偿失了。

Box：

从每一次的亲子过招，洞悉孩子逃避的心态，不让孩子有机会养成敷衍的习惯。

19

习惯胜过说教

"宇阳，你要快点做完妈妈交代的功课，别忘了晚上要一起看加拿大冰球大赛（Hockey Night in Canada）！"先生一大早就开始叮咛宇阳，要赶快认真做作业，晚上才能一起看紧张刺激的冰球大赛实况转播。

"我已经快做完了，爸爸，我们六点准时看，你不要晚了，我要从最开头，所有明星球员高速勇猛地在冰刀上滑入赛场开始看。"宇阳比爸爸还想看冰球赛。

加拿大人最引以为傲的运动，就是冰球，别看加拿大人平时亲切和善、温文儒雅，一到冰球场上就完全变了样。球场上的球员凶悍粗暴，动不动就脱头盔、扔球杆、推开裁判，在冰球场上打群架。

连续荣获男女奥运冰球赛金牌，以及世界冰球锦标赛冠军，加拿大人对于看冰球比赛，可用"如痴如狂"来形容。二〇一〇年冬季奥运在温哥华举办，那年二月，加拿大冰球队与美国冰球队争夺奥运金牌，实况转播冠军争夺赛时，加拿大从东到西，路上见不到一辆车、半个人，大家都聚在实况转播的大厅里，屏气凝神地看着冠军赛，当加拿大冰球队队长西尼·克罗斯比（Sidney Crosby）在延长赛进了冠军球时，整个加拿大都被欢呼声震撼了。

·"坚持"是一种习惯，"放弃"更是一种习惯

加拿大人对冰球的热情，不只表现在四年一次的奥运金牌赛，加拿大全国电视台（CBC）的热门节目《冰球之夜》（*Hockey Night in Canada*）更是千千万万的加拿大人最期待的精彩节目与欢乐时光。宇阳小时候，每星期最重要的娱乐时刻，就是和爸爸一起坐在沙发上，吃着爆米花，高兴地笑着叫着，看着威武的冰球选手进球得分。

每年十月到来年的四月是全国曲棍球联盟（National Hockey League，NHL）巡回赛（Regular）及淘汰赛（Play off）的季节，那段期间，每两到三天就有一场实况转播的冰球赛，热爱冰球的宇阳，自然场场都想看，但十月到四月刚好和学校上课的日程重叠，如果没有计划亦没有节制地场场都看，就没剩多少时间读书了。先生虽也是个冰球迷，但他同样明白这个道理。

我们商量之后，正式与宇阳约定，看冰球赛虽然紧张刺激，又是加拿大的全民娱乐，但为了保留充分的读书及参与其他活动的时间，我们每个星期选一场精彩的冰球赛，而且必须将应做的作业提前且正确地做完，才可以开始看。几年下来，宇阳为了确保和爸爸一起看冰球赛的时间，不知不觉养成了规划时间、提早行动的习惯，并以正确性及高效率为目标，来完成每一件该做的事。以看精彩的冰球实况转播为诱饵，我们顺利地帮助宇阳从小养成好的读书习惯。

"计划"是一种习惯，"读书"是一种习惯，"练琴"是一种习惯，"锻

炼"是一种习惯，"认真"是一种习惯，"坚持"是一种习惯；然而"偷懒"也是一种习惯，"马虎"是一种习惯，"放弃"更是一种习惯。哈佛商学院在招生标准中，明确地指出："创业是一种习惯。"只有不放弃、不气馁，以创业为习惯、持续不断创业的人，才能成为杰出的企业家。

· 粗心不应被原谅

常常听到国内的家长在考试之后跟孩子交流：

"这次考得怎么样？"

"有两道题错了。"

"什么原因？不会还是马虎？"

"马虎。"

"下次注意就好了，如果不会就问题大了。"

……

学龄前的孩子，以"玩"为最主要的学习方式，但不是随便玩、胡乱玩。以蒙台梭利幼儿教学法为例，便是以"寓教于乐"为主旨，通过许多精心设计的科学教学器材，让孩子们有系统、有计划地边玩边学习。除了学习新知，蒙台梭利幼儿教学法更重视让年幼的孩童明白专心学习、认真做事的重要性。

在宇琪、宇阳很小的时候，我便开始教他们数学，从数数到四则运算，都提早在家中教授完成。我在教他们数学的时候，最强调的，不是做多少练习题，而是他们算数学的精确度，"不小心做错"是绝对不被允许的。

从小我就告诉宇琪、宇阳，如果因为不会而答错，没有关系，也没有什么好可惜的，原本不会的东西，就不该心存侥幸、试图猜对；但若是自己会的题目，却因不小心而做错，就浪费了以前努力学习所付出的精力及时间，实在太可惜。因为"不小心"而答错了原本可以答对的题目，平白在考试中丢掉可以轻松拿到的分数，是绝对不可原谅的。

在宇琪、宇阳的早期数学教育中，他们学到最重要的东西，不是加减乘除四则运算的能力，而是彻底明白"答题准确度"的重要，从小养成认真专心的好习惯，务必做到，"只要是会的，就一定要做对，培养一丝不苟的精神"。

· 提高"单位时间效率"

除了"正确性"之外，"高单位时间效率"是另一个必须提早养成的好习惯，小孩子多半缺乏耐心，要求他们长时间坐在书桌前读书，不但效果不彰，反而养成他们读书混时间的坏习惯。以做数学为例，应该以十五分钟为单位，做四则运算题，务必做得又快又好。养成专心做数学题的好习惯后，再逐步增加学习内容及增长单位时间，从二十分钟做三十道题目，到半小时做六十道题，而后再增长为一小时做二百道题，等等。随着孩子年龄的成长，读书的耐心也会愈来愈好。

最重要的，是要让孩子们从小明白高效率读书方法的重要性。如果没精打采地坐在书桌前混时间，不如不要读了——省得书没读进去，反而骗自己花了时间，等到考试时不会，觉得自己花了那么多时间，却还是得不到好成绩，反而打击自信心。

我们移民到北美二十多年，深深感受到，想要在此出人头地，必须事事"提早计划，充分准备"。西方人与中国人最大的不同，就是什么都要提早预约，不论参加任何的活动或比赛，报名截止日期往往要提早半年左右，也就是说，如果孩子没有从小养成"提早计划"的好习惯，就什么活动都没的参加了，更别幻想在各种比赛中胜出。

"事事充分准备"是计划成功的先决条件。从小我便告诉宇琪、宇阳，凡事要按照一百二十分的标准来准备，如此一来，即使小有失误，结果也会接近一百分。但若一开始就对自己要求很低，抱着想混到六十分及格的心态，就注定被淘汰出局。由于从小参加多项活动及比赛，我都非常强调"提早计划，充分准备"的重要性，久而久之，宇琪和宇阳也觉得凡事按高标准充分准备，是理所当然的人生态度。

许多"望子成龙，望女成凤"的父母，常常对孩子"碎碎念"，要他们认真、努力、求上进，孩子听多了，常常左耳进右耳出，完全没有将父母说的话，放在心上。孩子考试成绩不好时，或者是父母因为面子问题，或是父母为了安慰自己，常常对外人说：他们的孩子很聪明，只是不够努力；考试的题目，他都会做，只是不小心做错。这样的说法，等同给孩子制造偷懒的空间，及轻易原谅自己的理由。长久下来，孩子便会在父母的纵容下，一次次养成不思进取、不发愤努力的坏习惯。父母绝不能因为溺爱孩子，而让孩子养成碰到障碍就退缩、遇到困难就放弃的坏习惯。要知道，"努力不懈"是一种习惯，"退缩放弃"更是一种习惯。

叶圣陶说过："好习惯养成了，一辈子受用；坏习惯养成了，一辈子吃它的亏，想改也不容易。"习惯是一种行为，不断重复地做，就会深入人心，成为由潜意识主导的反射动作，所以不论在什么情况下，人都会自然地重复已经成为习惯的行为。

巴金也说过："孩子的成功教育，从好习惯培养开始。"父母首先要明白，"习惯是人生最大的指导"，孩子的可塑性非常高，父母对子女的教育，若着重在从小养成良好的习惯，就不需要吱吱喳喳在孩子耳根旁说个不停了。尽早在各方面，养成好的习惯，孩子便会提早计划，充分准备，以最高的效率及一丝不苟、精益求精的精神，坚定不移地迈入正向的循环。

Box ：

1. 因为"不小心"而答错了原本可以答对的题目，平白在考试中丢掉可以轻松拿到的分数，是绝对不可原谅的。

2. 必须从小培养的三大好习惯：

· 提早计划，充分准备；

· 提高单位时间效率；

· 提高答题准确度，强调一丝不苟的精神。

比天赋更重要的是规划

"隔行如隔山"是大家耳熟能详的成语，意思是说"不是本行的人就不懂这一行业的门道"。在各行各业中，充满着子承父业再加以发扬光大的例子，成功的关键，与其说是遗传基因，不如说是家庭长年累积经验、潜移默化的影响及科学的及早规划。生意人的孩子，从小听父母谈生意，不需要特意学，就明白如何降低成本、提高利润。厨师的孩子，从小吃美食，看父母做精致料理，不需要特别学，就会处理食材、品尝美食。运动员的孩子，从小跟着父母做专业的体育训练，不需要特别学，就练成强健的体格。音乐家的孩子，从小听音乐，不需要特别学，所有的乐理知识，在耳濡目染下，自然而然就会了。读书更是如此，会读书的父母，从小提供孩子适当的教材，在书香门第的环境下，孩子自然而然地养成安静读书的好习惯，如果再碰上对教育特别有研究的父母，当然更加事半功倍，教导出特别优秀杰出的孩子，也是水到渠成的事。

在这个科技发达、计算机即将取代人脑的时代，让孩子学习新知识变得特别重要，对于不是很擅长读书考试的父母，到底该怎样帮助自己的孩子，在这个科技发达的新时代，学习更多的知识呢？最重要的就是

"提前规划"，为孩子选择好的启蒙老师，培养孩子的学习兴趣，并且利用新式教材，提高孩子学习成效。

·启蒙老师是成功学习的关键

万事开头难，对成功的教育来说，也是同样的道理。如果没有一个好的开始，很容易在孩子心中造成对学习的恐惧。在孩子学习的过程中，如果不能按部就班、循序渐进地打好基础，很可能打击孩子对自己学习的信心，一开始就误以为自己没有理化天分，还没开始就放弃了，所以提前规划尤其重要。以学牛顿物理力学为例，必须先学会了简单的函数概念，也就是用 X 和 Y 等英文字母，来表示变量，并且研究他们之间的相关性，学会了函数之后，才具备了足够的数学知识，来学习牛顿三大运动定律。再以化学为例，想要正确地理解分子键及离子键的不同，必须彻底明白原子结构及电子轨道。所以，从学习的角度而言，启蒙老师非常重要。好的老师，着重启发孩子的学习兴趣，将艰涩难懂的观念，用简单明了的方式来解释。不好的老师，往往将简单的内容，以复杂、难以理解的方式说明。这时候，如果没有碰上了解情况的父母，孩子很容易因为没遇到好的老师，而误以为自己不够聪明，对学习产生恐惧及排斥，可能从此不再喜欢读书，所谓"失之毫厘，谬以千里"，就是强调最初方向的重要性。

我的父亲年轻时就对化工特别有研究。记得我还很小的时候，就有人请父亲做研究，开发夜晚会亮的玩具荧光棒，父亲夜以继日地在实验室里，一次又一次地做实验，每每有所突破，父亲便会很高兴地拿着试管，兴高采烈地跟我说他是如何尝试新的实验，开发新的产品。从小化学实验室就是我的游乐园，看着实验室里各种形状的实验器材，像是变魔术的道具，父亲总能做出色彩鲜明的美丽产品。父亲告诉我，化学是测验人聪不聪明的最佳科目，因为人的智力可分为"记忆力"及"理解力"两种，而学化学，正是一半需要记忆，一半需要理解，所以能学好化学的人，才是真正聪明的人。当时的我，年纪还小，其实不太明白父亲说的，但心中对化学，已经有了极好的印象。

先生是个记忆力非常好的人，虽然不到过目不忘，但也所差不远，他总自夸自己上知天文、下知地理，就连演艺界的八卦新闻，都能如数家珍；理解力更不在话下，微积分和物理，始终是他的强项。但奇怪得很，唯独对化学兴趣缺乏，成绩也始终表现平庸。他总说，化学杂乱无章，谁能记住那些化学元素及反应规则。我说："你真奇怪了，连小明星的无聊八卦都能记住，怎么会记不住与化学有关的知识及规则？"闲聊间，先生提到他的第一位化学老师。那位老师根本不知道在教什么，使得先生从一开始读化学时，就不知从何着手：什么该背，什么不用背，背进去的彼此之间又有什么关系，如此种种，使他从那时候就对化学心生反感，所以始终学不好化学。

·兴趣是最好的老师

在帮孩子规划学习时，如果能考虑孩子的兴趣和爱好，强调培养他们学习的主动性，会有意想不到的效果。

和先生比起来，我的记忆力算是很差的了，除了对历史稍有兴趣，略知一二外，对其他芜蔓庞杂的知识，可说是一点也记不住。但对化学的各种知识，却像是脑中有本化学百科全书，章章节节，清晰明了。我总反驳先生说："化学怎么会杂乱无章，你看这个世界所有的东西，都是由不同的化学元素，通过奇妙又有系统的化学反应结合而产生的，你怎么就不能欣赏这大自然神奇造物的奥妙？"想想从小在实验室玩大的我，对着墙上彩色的化学元素周期表海报，就像对着奇妙魔幻的卡通海报，再加上父亲时不时地将各个化学元素及反应，当童话故事一般地说给我听，使我不但从小就对化学充满热爱，更在不知不觉中有了系统的了解，并学习了无数的化学基础知识。

宇阳九年级时，已经不能再参加全国英文拼字大赛，基本上，也不再参加钢琴或其他音乐大赛，突然之间，少了许多人生重要目标。那时，宇琪已经十一年级，每天忙着学校的课业，及很多课外活动。而宇阳，学校里的功课也不太难，少了拼字及音乐比赛，每天空出来许多时间，成天无所事事地胡乱玩。我看着他晃过来，晃过去，实在太浪费时间了，便决定要有系统地开始教他化学。宇阳刚开始，十分不愿意学——天天玩计算机游戏多好，哪个孩子愿意放弃玩的时间，下苦功，学知识。为了让宇阳对学化学产生兴趣，我便将化学反应和美食料理结合在一起，宇阳小时候对吃美食最感兴趣，所以我给他在家里上的第一堂化学课，就是用酒和醋来料理美味的红烧鱼。相信许多妈妈都知道，烧菜时加酒和醋会特香，这就是最常见的有机化学反应：醇（alcohol）＋酸（carboxylic acid）＝酯（ester）。美酒加食醋经过加热烹调，就会产生香气四溢的酯类。一向好美食的宇阳，一边吃着我做出来美味的红烧鱼，一边听我说相关的化学反应，深刻体会到，原来生活之中处处都是化学，觉得非常新奇有趣，便开始对学化学，产生浓厚的兴趣。

·利用新式教材，及早规划学习道路

想要彻底明白化学反应，必须先明白原子结构及键结构理论，为了使宇阳充分了解，我不单利用计算机上的 3D 图形，解释给他听，更订购了大学教学专用的分子模型，让宇阳亲手拼制各种化合物。渐渐地，在宇阳的小脑袋中，分子化合物不再只是抽象的名词，而是像乐高玩具一样有意思的小模型玩具，他对化学的兴趣及喜好也与日俱增。就这样，不到一年的时间，宇阳已经学完加拿大高中化学的内容，可以进一步学习美国大一化学（Advanced Placement Chemistry）的教材，就是相当于大一化学的内容。

为了替宇阳打好扎实的化学基础，我按照三个等级，高中化学、AP 化学及奥林匹克化学，选用了三套著名适合自学的化学教科书，分别在宇阳九年级、十年级及十一年级时，完成学习。在他学习的过程中，我总是让他扎实地做了书中的练习题，确认他是彻底了解了每个章节的内容，才会再进入下一个单元。

宇阳十年级时，已经学完了美国大一化学。有一次放学回家，他高兴地告诉我，他的亚佛加厥化学竞赛（Avogadro Chemistry Contest）考了全加拿大第一名。过了没几天，就收到多伦多大学化学教授的电话，说宇阳以最小的年龄，被选入奥林匹克化学国家训练营（Chemistry Olympiad National Training Camp）。当时刚满十五岁的宇阳，真是说不出的高兴，连学校里所有的化学老师，都兴高采烈地到处说宇阳是个化学天才，小小年纪，就被选入奥林匹克化学国家训练营。

· 向杰出的同学看齐

加拿大的奥林匹克化学国家训练营，一共十个人，都是十一年级及十二年级的杰出学生。只有宇阳是十年级，由于他在学校还跳了一级，所以其实只有九年级，宇阳比其他九个人小了两三岁。那一年，历时一星期的奥林匹克国家化学训练营，是宇阳求学生涯的宝贵经历，他有机会认识了加拿大最优秀的高中生，亲眼看到他们认真仔细地做着艰难的化学实验，在多伦多大学多位化学教授的指导下，每个学生都竭尽全力，希望在最短的时间内，学会最多高难度的化学知识，更期盼被选入四个人之一的加拿大奥林匹克化学国家代表队（Team Canada）。一如预期，宇阳那年没有被选入加拿大奥林匹克化学国家代表队，但那一个星期在多伦多大学的训练，使得宇阳成长很多，回到温哥华后，他便立刻开始读有机化学，希望能尽快提高自己的实力，早日被选入加拿大奥林匹克化学国家代表队。经过一年的努力，宇阳终于在十一年级时，被选入加拿大奥林匹克化学国家代表队，并且代表加拿大，在第四十六届国际奥林匹克化学竞赛（International Chemistry Olympiad）中，以十六岁的年龄，得到国际铜牌。在二〇一五年，更进一步地以加拿大队队长（Captain of Team Canada）的身份，在第四十七届国际奥林匹克化学竞赛中，得到最佳银牌得主（Top Silver Medalist）。

二〇一六年时，宇阳刚满十八岁，已经是加拿大奥林匹克化学竞赛的总教练。宇阳学习化学成功的例子，不是遗传基因的功劳，而是多年累积的化学知识，是脚踏实地的学习，进而形成发自内心的热爱，及早规划学习道路造就了宇阳在化学界的成就。

Box：

1. 天赋固然是孩子起步的基础，规划同样不可偏废，依据孩子的兴趣爱好提早规划学习道路，将事半功倍。

　　2. 好的启蒙老师，着重启发孩子的学习兴趣，并将艰涩难懂的观念，用简单明了的方式来解释，为孩子打开知识之门。

　　3. 见贤思齐，与杰出的同学在一起，能更有效激发孩子的上进心。

高单位时间效率

宇阳继姐姐宇琪之后，也被哈佛大学提前录取，许多华人界的报纸与网站都列出宇阳洋洋洒洒的求学经历。看到他在学术、音乐及体育多个领域，都有杰出的表现，许多网友除了赞叹，也好奇地询问，他怎么能有时间学这么多、做这么多，还能有这么好的成绩？身为宇阳的妈妈，对这个问题，最诚恳的答案就是"高单位时间效率"。

·不理，不睬，不打，不骂，不妥协

宇阳小时候绝不是大家所想象的那种自动自发、认真上进的小男孩，相反，他总是想方设法少做功课，并且时不时地胡闹耍赖，令我这个做妈的不得不随时准备接招，反制宇阳为了偷懒而变出层出不穷的花招。

长久以来，我们家的客厅，总是夹杂着琴声和哭声。宇阳刚开始学琴时，正经练琴的时间，远不如大哭大闹的时间长，对付他的大哭大闹，我则始终不改一贯作风，就是"不理，不睬，不打，不骂，不妥

协"，总之，没练好老师交代的曲子，就不准做其他的事。久而久之，宇阳发现自己哭闹的时间都白费了，不但不能减少练琴，反而因为哭闹而少了许多自由玩耍的时间。过不了多久，宇阳便不再以哭闹来反抗练琴，进步为稍微文明一些的偷懒方式。

　　钢琴老师都会交代学生，每天至少要练一小时的琴，宇阳的老师也不例外。宇阳刚开始用乱哭胡闹的方式拒练钢琴，发现哭闹无效后，便开始用"混时间"的方法：一个小时的练琴时间，中间总少不了要喝水、吃东西、上厕所，扣除这些做杂事的时间，号称一小时的练琴时间，可能连半小时都不到，更别谈什么专心练习及学习效果了。更大的问题是，这样下去，岂不是从小养成"混时间"的坏习惯？反正遇上不得不做的事情，就混吧，混多久算多久。

　　我做事一向讲究效率，看到自己儿子总这么混时间，觉得"定时练琴一小时"实在不是好方法。孩子虽小，但也应该使他明白，花最短的时间，达到最大的效果，才是正确的学习态度，而不是想尽办法混，最后时间都平白浪费了，该做好的，却都没做好。

　　记得宇阳六岁那年，我把他当小大人，认真地跟他讨论这个问题："宇阳，你说练琴是为了什么？是为了逼你在钢琴前坐一个小时，还是为了练会老师教的东西，并且弹出更好听的钢琴曲？"

　　六岁的宇阳，似懂非懂的，却也明白，练琴是为了弹出好听的曲子，不是为了每天坐在钢琴前一小时。

　　"不如这样吧，以后不要再定时练琴一小时，而是一首曲子一首曲子分开练。只要你可以按照老师的要求，认真正确地弹好三遍以上，那首曲子就算过关，你可以休息十五分钟，放松玩一下；之后，再练下一首曲子。每天只要练完老师规定的功课，就可以自由玩耍，不一定要练足一个小时。"

· 不问练习长短，只问学习成效

改成这样以"效果为标准"，显然使得宇阳有动力在最短的时间内，练到老师的要求，再加上曲子和曲子中间的休息时间，也积极鼓励了宇阳专心认真练完每一首钢琴曲。由于不再限时一小时，宇阳发现只要认真达到要求，反而有更多玩乐的时间，就这样成功改掉了宇阳"混时间"的坏习惯，并从小教会他"高效率"的重要性。

宇阳参加拼字大赛那几年，需要学习大量的英文单词，"高单位时间效率"更是不可或缺的成功要素。想想，姑且不说每天要学新的单词，光是复习学过的单词，如果一天复习一百个，一年三百六十五天，只能复习三万六千个英文单词，离《新韦氏英语国际辞典》中的五十多万个英文单词，还差得远，更别说还必须不断学新词。

为了让宇阳有效率地学习新单词，并且系统地复习以前学过的单词，我和先生便动手做成单词卡，以一百个单词卡为一个单位，将数十万英文单词，按照拼字难易程度，分为常考（frequent）、偶考（moderate）及罕考（rare）三个等级。每次计时十五分钟，复习最熟悉的一百个单词卡，加上中间休息的时间，平均一小时可以复习三百个常考的英文单词。至于偶考及罕考的英文单词，则需要花较长时间准备，平均一小时间可以复习一百到两百个较难程度的英文单词。

小孩子普遍没耐心，尤其像宇阳这样活泼好动的类型，让他规规矩矩坐着念一小时英文单词，根本不可能，所以我总是给他计时十五或二十分钟，复习一百个单词卡，之后立刻测验，拼对90%以上就过关，不需要重来一次。正如练钢琴一样，宇阳发现，认真迅速地做完该做的事，才不需要重做，不会浪费他玩的时间。

有时候，我为了鼓励宇阳多复习一些单词，会做他喜欢吃的东西，像是煎牛小排，等按时复习完单词后，给他当奖励的点心。先生常笑我像训练小狗一样，拿食物吃当鼓励，我便回答说，怎么有效果便怎么做，宇阳就喜欢吃肉，当然拿肉来引诱他专心迅速地背单词了。

·逐渐让孩子有做主的空间

宇阳八年级后，就不能再参加拼字大赛了，平时复习英文单词的时间空出来后，宇阳突然变得十分清闲，显得有些无所事事。宇阳的英文程度在准备拼字大赛的过程中，有很大的进步，但也因为花了许多时间研究英文单词，他的数理化相关学科，相对来说，就学得不是那么好了。加拿大的学校各项活动很多，对课业的要求，不是太严格。看着十一岁的宇阳，每天晃过来、晃过去，学校对课业要求低，他对自己的要求更低，这样下去不是办法。

为了让宇阳主动自发又有效率地多学些数理化的知识，我每个星期天会和他讨论下一个星期该做的数理化练习，然后清楚地列一张表，只要他做完表上的功课，剩下的时间，可以任意运用。许多家长，非常希望看到孩子天天在读书做功课，但实际上，连大人都不可能天天工作，天性爱玩的孩子，又怎么能成天的读书学习呢？所以我们必须教会孩子合理利用时间，并且给孩子留自由玩乐的休息时间。孩子不是机器人，不可能一直不停地学习，如果我们硬是将孩子的时间塞满，孩子必定对学习产生厌倦，适得其反。

宇阳天性爱玩，每个星期天，在跟我制订该周读书计划时，都会先花上大半天时间和我讨价还价，不停抱怨他的功课太多，没有玩的时间了。其实我也不清楚，他一个星期可以学会多少东西、做多少功课，我一开始是希望他能够学五天玩两天，这样他才能有足够的动力，在下个星期再继续努力学习。但宇阳常常是三四天就做完我们一起讨论出来一周的功课，至少剩下三天可以自由玩耍。

每次我看到宇阳早早做完一周的功课又开始玩时，都有种被骗了的感觉，原来他不停地抱怨功课太多，只不过是为了多留些玩的时间。虽然我有些后悔相信了他的抱怨，但却从来没有不守信用，任意加重该周的功课量，只是在周日讨论下一周的功课量时，不再被宇阳随意愚弄，更坚决地说，他根本就有足够的时间做完这些功课。几次下来，宇阳自知理亏，往往不再多说什么了。

每周和孩子讨论他要做的功课量，逐渐让孩子有自己做主的空间，才能激发出自主自发的学习心。还要以正确迅速做完功课为前提，多出来的时间可以自由玩乐，才能培养出孩子专心且有效率学习的好习惯。

Box：

1. 孩子虽小，但也应该使他明白，花最短的时间，达到最大的效果，才是正确的学习态度，而不是想尽办法混，最后时间都平白浪费了。

2. 孩子不是机器人，不可能一直不停地学习，所以我们必须教会孩子合理利用时间，并且给孩子留自由玩乐和休息的时间。

22

平行学习，人脑如计算机

"并行处理（Parallel Processing）"是有效提高计算机系统计算速度和处理能力最基本的方法，它的理论概念是将一个大的问题，分成若干个小问题，每个小问题，都可以由一个独立的处理器来平行计算。从理论上来说，在 N 个小问题平行处理时，其处理速度最快可能会是在一个处理器上处理速度的 N 倍。科学家们利用并行处理的理论基础，成功地制造出无数高效率的超级计算机。

· 人脑是最精密的活计算机

在大学里主修计算机的我，其实对计算机远不如对教育感兴趣，记得我在上计算机理论课时，第一次听到并行处理这个专属计算机的名词时，立刻就联想到"人脑"，心想，如果能从小以并行处理的概念，来启发孩子的大脑，一定可以加速学习各种知识及技能。人脑就像是复杂而又精密的超级计算机，只要我们善加利用，就可以像计算机一样，拥有惊人的学习速度及处理能力。

计算机设计工程师都明白，其实计算机一点也不聪明，要想创造出高效率的超级计算机，必须给下达计算机循序渐进并且清楚明确的指令。计算机软件设计师在编制软件指令前，常常需要先画出流程图，清楚地分析哪些指令必须先完成，才能进行下一个指令，并且需要明确地列出每一个步骤的顺序，使可以并行处理的工作，快速而又同时进行，这样，才能造就出高效率又"聪明"的超级计算机。小孩子就像是潜能无穷的小计算机，而父母和老师就像是计算机设计工程师，如果我们能按照计算机并行处理的概念来教育我们的孩子，循序渐进，按部就班，但同时从多方面着手，就能快速而有效地达到意想不到的教育成果。

·同步学习不同的主题，可以多方面开发脑力

其实从教育的角度来说，许多教学内容是互不相关的，完全可以同时学习的。例如，语文、数字、音乐，及体育，就是完全不同的"学习主题"（study theme），应该在孩子很小的时候，就尽早进行"parallel learning（平行学习）"，不但可以提高学习的速度，还可以从多方面开发脑力，为将来全面优秀发展（all round），打下扎实的基础。

宇琪宇阳很小的时候，我便按照美国及加拿大教育体系中"在家学习"（home schooling）的概念，将他们放学回家后的时间，平均分布在学习语文、数学、音乐及体育四项主要不同的"学习主题"（study theme）上。北美在家学习是教育局认可并支持的另一种教育制度，基本上，不以孩子的年龄决定课程，而由家长根据孩子的能力，决定孩子各科该学习的内容，而教育部也会提供各种教学资讯及教材，由自己的父母，按照教育部列出的学习大纲，在家教育自己的孩子。这样的教育

方式，最大的优点便是可以提早学习，以数学为例，许多在家学习的孩子都可以在十六岁，也就是正常上学十年级时，就学完大一微积分（AP Calculus）的课程。但在家学习最大的缺点，便是无法通过学校教育的集体生活，与同龄的孩子正常沟通与交往。对宇琪、宇阳而言，就没有这个缺点了，因为他们和一般的孩子们一样上学校，只不过上学主要的目的，是为了与同龄的孩子社交，他们真正的学习，是放学回家后在家学习。因为他们在家里学的内容，已经远远超越学校里所教的，他们在学校轻轻松松就可以得高分，从小就对自己充满信心。

我在家中按照教育部为在家学习提供的教育指南及教材，来教导宇琪、宇阳，很快地，他们的英文及数学能力就达到中学生的程度，我立刻开始加入更多可以平行学习（parallel learning）的学习主题，例如历史、地理、生物、化学、物理……就像小小的计算机一样，宇琪和宇阳有效地实践平行学习，没有浪费一点学习时间，如同走捷径般，不到十五岁便迅速学完所有上大学前必修的学科。

· 运动与功课并行，同时学习多项运动

说到体育，那更是可以多项运动同时学习，像游泳、溜冰、篮球、足球等，都是需要身体不同部位的运动，只有平行学习才能使身体各部位的肌肉均衡发展。小孩子不可能一直专心读书，如果能将各种体育活动，掺在读书学习之中，交错进行，就是最好的调适及休息。

就体育技能来说，从幼儿时期，就开始学习游泳、溜冰和各种球类运动，就像孩子学走路一样，轻松自然，不出几年，很多孩子，就能自然地将所学的运动技能合并起来，发展出新的体育技能。例如说，结合游泳及篮球的技巧，就是少有人会的水球；溜冰溜顺了，自然而然就会打勇猛的冰上曲棍球；滑雪及溜冰，也有很多互通的技巧，正所谓，一通百通，水到渠成。很多人非常惊讶宇琪、宇阳既是滑雪教练，又是水球冠军，怎么有时间将两种截然不同的运动，都学得那么好？从小平行学习就是成功的秘诀。

· 平行学习在音乐学习中至关重要

加拿大中小学的音乐教育，只是简单地介绍乐理及各种乐器，学校一般都有合唱团及管弦乐团，学生根据个人喜好自由选择，教育部对音乐教育的内容，并没有特别明确的要求。所幸，历史悠久的加拿大皇家音乐学院（Royal Conservatory of Music），自一八八六年成立以来，建立了完整的音乐教育系统，对各种乐器及乐理的学习都有明确的要求，并且提供一系列相关的教学教材。加拿大皇家音乐学院将各种乐器的学习分为一到十级，配上必须完成的乐理课程，通过十级考试，就等同毕业于一所著名的音乐大学；学生们如果更上一层楼地通过 ARCT 演奏家级的考试，则会收到由加拿大总督亲自颁发的演奏家证书。

中国人着迷于让孩子从小学钢琴，似乎学钢琴就代表学音乐，天天练琴就代表是好孩子，却极少有家长明白学乐理的重要性。正如同做物理及化学的实验前，必须先了解实验中测试的理论，才能心领神会，得出正确的实验结果。学习各种乐器，如果不同时学习相关的乐理，便如同盲人摸象，常常无法找到精华之所在。

"妈妈，你听这个拉赫玛尼诺夫 2 号钢琴协奏曲第一乐章，太了不起了，他将两个完全不同的音乐主题，很神奇地合奏，产生协奏曲不可思议的音乐高潮。"宇阳边听边兴高采烈地想与我分享这奇妙的音乐之旅，只可惜，没学过乐理的我，完全听不懂宇阳所说的音乐主题，只是直觉地觉得这协奏曲听起来很特别。正因为宇阳一直边学钢琴边学配套的乐理，对演奏的乐曲内暗藏的音乐理论十分熟悉，他往往不需太多的练习，就能弹出曲子的精华所在。许多华人家长，只知道逼孩子练钢琴，却不知同时平行学习相关乐理的重要性，尤其到了高难的曲子，如果没有足够的理论基础做后盾，往往再埋头苦练，也抓不到重点。

学习音乐，平行学习的效果更为显著，在温哥华青年交响乐团（Vancouver Youth Symphony Orchestra）中，精通两样乐器的孩子比比皆是，主要的原因是他们大多先开始学习弦乐器或管乐器，根据加拿大皇家音乐学院的考级标准，所有学管弦乐器的学生，钢琴必须考过六级，方可毕业，因此许多学管弦乐器的学生早早就开始同时学习钢琴；反倒是一开始就学钢琴的孩子，往往没想到可以同时学习别的乐器，以为学好钢琴就足够了——殊不知音乐是互通的，如果同时学习不同的乐器，不是所花费功夫加倍，而是学习音乐的成果加倍。宇阳小小年纪就精通三门乐器，不但许多华人家长觉得不可思议，就连无数外国知名的音乐家都觉得无法想象。但我相信，许多孩子都有这种音乐潜能，只要父母把握时间，进行平行学习，从小同时学习乐理及各种乐器，数年后，精通多种乐器，并不是可望而不可即的梦想。

学习乐理，不仅能帮助孩子对理解音乐，更可以通过音乐的帮助，增加孩子对其他学科的分析认知能力。和声学（harmony）是音乐系必修的乐理课，其中清楚地解释各式各样的和弦会赋予音乐什么样的不同的感受，并且仔细地分析如何利用和弦来转换曲子的调性。由于宇阳一边学习各种乐器，一边学习相关的乐理，从乐理所学的知识，时常体现在他自己演奏的乐曲之中，互相呼应，学以致用，不仅使他对乐曲有更深的了解，更通过学习高级复杂的乐曲，提早开发了他的分析理解能力，为他学习高难度数理化学科，奠定了良好的基础。

平行学习的学习概念是同时进行多项学习主题，每一个不同的学习主题，刚开始互不相关，所以可以同时进行来节省时间，加速进步。在学习的过程中，孩子的大脑，也同时多方面地迅速成长，原本互不相关的学习主题，在不知不觉中互相呼应，形成孩子脑中坚固的知识网（knowledge net）。许多人看到宇阳洋洋洒洒的履历表时，都不能相信这是一个十六岁小男孩的经历，常常有人问我，宇阳是如何能有这么多时间，完成那么多少令人赞叹的成就——"平行学习，人脑如计算机"，该是最好的答案了。

Box：

1. 从小以计算机平行学习的概念，来开发孩子的大脑，人脑可以长成超级计算机。

2. 同时学习不同教学内容，多方面开发脑力。

3. 不同种类的体育活动，可以开发孩子不同部位的肌肉以及协调能力。

4. 学习乐理，可以帮助孩子轻松学会多种乐器。

23

动态教育 VS 因材施教

至圣先师孔子两千多年前就倡导"有教无类"及"因材施教"，在中国传统的封建制度下，他以"学不厌，教不倦"的精神，推广普及教育。在阶级分明的春秋战国时期，不论学生社会地位的高低，孔老夫子的学生达三千多人，真正做到有教无类，让想要求学的学子，都能有学习的机会。

· 网络发达的二十一世纪不仅要因材施教，更要动态施教

孔老夫子非常强调"因材施教"的重要性，每个人天生的才能不同，在教导的时候，必须按照不同的天赋，采用不同的教育方式，才能达到事半功倍的效果。也正因为如此，数千年来"因材施教"被大家公认是成功教育最重要的关键。但我们忽略了因材施教所隐含的意义，其实是一种"静态教育"，也就是说"不同的人，有不同的天赋，所以我们要用不同的教育方式；但对于同一个人，我们似乎就可以持续使用同一种适合教育他的方法"。这样的教育理念，在以前比较封闭的社会，不会造成问题，因为从小到大，人们接触的事物，没有什么大的改变，所以

每个学子的才能和性格，也不会有太大的变化。但在当今网络时代，社会形态瞬息万变，现在的孩子，可以随时吸收各方面的知识及言论，他们的性格和才能，也随之不停地在变化。作为现代的老师及家长，我们不仅要学习孔老夫子静态的因材施教，更要进一步实行"动态教育"，细心观察孩子的成长变化，随时更新教育方式及内容，才能达到最好的教学效果。

成功的教育，首重人格的健全发展。宇琪、宇阳都出生在加拿大温哥华，在这个新移民聚集的国家，来自不同地方的人，有着不同的价值观，想要在异国他乡教育孩子，发展出与父母相似的价值观，其实不是一件容易的事。记得我在台北念小学的时候，老师教导我们要勤奋好学，即使生病了也要去上课，所以我也是一直这样教导我的孩子。女儿宇琪从小就很乖，即使生病不舒服，也不愿意缺课，总是希望能在学校拿到全勤奖，我也一直以勤奋好学的女儿为荣。直到有一天，我催促稍微有点小感冒的女儿，赶快去学校上课，女儿很委屈地告诉我："老师说生病不可以去学校，会把病毒传染给别人。"从那以后我也只好入乡随俗，只要小孩稍有不舒服，就让他们在家休息。没想到时间久了，连向来认真好学的女儿，都会有意无意地装生病，想要借机偷懒不上课。便为了反制女儿利用学校老师和我们在教育观点上的矛盾，我只好规定称病偷懒的女儿，在家做更多的功课，间接地使她明白，利用老师和家长之间的不同观点，是无法达到她偷懒逃学的目的。

· 现在的孩子，性格及才能都不断在改变

孩子在成长的过程中，想法及性格，也会随着外在环境的因素不

断改变。这个时候，我们如果还把它想象成以前的模样，用持续相同的方式，来教导已经改变了的孩子，就很难有正面的效果了。

与女儿相比，儿子宇阳在成长的过程中，有更多出人意料的改变。长大后的宇阳，在各方面都有杰出的表现，看到他洋洋洒洒令人羡慕的履历表，大家只觉得他是天生的胜利者，从课业、音乐到体育，无论参加什么比赛，似乎都能脱颖而出，获得令人羡慕的成绩。但却很少有人知道，他在学习的过程中，所遇到的困难及挫折。在宇阳学习的各项才艺中，钢琴始终是他的最爱，也正因为如此，学习钢琴过程中的得失，对宇阳从小到大的性格发展，有着极大的影响。

宇阳从小就性格暴躁，情绪表现非常极端，只要稍有一点不合心意，立刻就大哭大闹，怎么安抚都没有用。记得当时有位老人家，看到这样的情形，语重心长地对我说："这孩子是来向你讨债的。"我立刻就回复这位老人家："孩子小，不懂事，但我一定会将他教好，长成一个有为青年。"之后，我时常看有关教育孩子控制情绪的书籍，其中提到，尽早学习音乐，会有效地帮助小孩陶冶性情，稳定情绪。虽然一般幼儿的音乐课程，通常建议从五岁开始，但因为我希望尽早借由音乐来改变宇阳的性情，所以不到四岁，就让他跟着姐姐宇琪开始学习钢琴。

坐在钢琴前，小小的宇阳刚开始只喜欢胡乱拍打钢琴琴键，虽然发出来的声音杂乱无章，但似乎也给他一种莫名的成就感。慢慢地，宇阳开始有次序地弹音阶，对 Do、Re、Mi、Fa、Sol 有了特别的感觉；他也开始弹一些简单有趣的儿歌，听着自己弹出来的钢琴声音，宇阳常常乐在其中。不知不觉，宇阳胡乱哭闹的次数越来越少，他的性格也相对越来越平和稳定。我和先生都非常高兴，学习钢琴可以带给宇阳这样大的改变，就决定让宇阳系统地更进一步学习钢琴。

·看似正面的方向，可能走向负面的标的

可能宇阳天生就是个感情充沛的孩子，小的时候，因为不知道如何发泄自己的情绪，所以不得不以大哭大闹的形式，来排解不知该如何抒发的情绪。自从学习钢琴后，学会用音乐来发泄自己不安的心情，不但在性格上渐渐平和稳定，宇阳学习钢琴的速度，也令我们十分惊讶！加拿大皇家音乐学院，将学习钢琴分为十级，完成十级考试的学生，就相当于著名大学音乐系毕业生的水平。而小小的宇阳，四岁多开始学钢琴，不到七岁就已经有了加拿大皇家音乐学院钢琴八级程度，他的钢琴老师，也非常惊讶宇阳学习钢琴的速度，并建议我们送他去参加钢琴比赛。宇阳也非常自豪自己小小年纪，就可以弹非常艰深的曲子，并且轻松地击败比自己大五六岁的孩子，赢得大奖。

但好景不长，钢琴比赛不只非常主观，比赛的成败也不完全公平。一些地方性的钢琴比赛，常常由当地的钢琴老师赞助，自然而然地，要留一些得奖的名额给他们自己的学生。也正因为如此，在钢琴比赛时，宇阳时常输给明显不如他弹得好的参赛者。每每遇到这种情形，宇阳总是气愤地说："妈妈，我不要再练琴了，再怎么练，也赢不了那些走后门的孩子。"想想，当年我们是为了让宇阳陶冶性情，才鼓励他学习钢琴，没有想到遇到这样不公平的事情，反而又勾起了他心中不满的情绪。看到因为比赛挫败而拒绝练琴的儿子，我和先生心中非常担忧，放弃钢琴事小，但这样负面的人格发展，是我们最不愿意见到的。

"宇阳，我们从小让你学钢琴，不是想让你在钢琴比赛中获奖，

而是希望培养你对音乐的爱好，陶冶性情。自从你开始学钢琴后，总是有着愉悦的心情，性格也一天比一天平和，不再像以前那么不安烦躁，这就是学习钢琴最大的成就了。爸爸妈妈希望你不要因为比赛的成败，而忘记自己喜欢音乐的初心；学习钢琴最重要的不是在比赛中胜出，而是以钢琴悠扬的乐曲，来抒发自己的情感，美化人生。"

重新建立学习音乐的真正目标后，宇阳不再那么在意比赛的输赢，更享受学习音乐的过程及表演钢琴的乐趣。有了正确的心态，宇阳不但在十六岁时，再次获得加拿大全国钢琴大赛冠军，更可贵的是，借由学习钢琴，成功地发展了积极正面的人生态度。

除了健全人格的发展，想要使孩子在课业上学有所成，也必须按照孩子在不同阶段的学习基础，循序渐进地安排教学内容，这也正是加拿大不列颠哥伦比亚省教育局，除了正规学校教育，还提供许多额外网上教学课程的主要原因。这里的孩子，除了可以在学校里面跟着老师学知识外，还可以在教育局所提供的线上课程教学，免费学习自己欠缺的知识。对于那些在学校学习进度比较落后的学生，可以在网上教学中，补充自己在学校没有学好的内容。而对于那些学习能力超前的学生，也可以利用网上教学的课程，提前学习，满足自己求知的欲望。国内的教育体系，虽然与加拿大的教育体系不太相同，但希望教育出优秀学子的目标一致。作为老师及家长，我们所需要注意的，便是观察孩子现阶段的学习状况，并适时地建议他们，学习现阶段可以吸收的知识，适当提供补充教材，并且随时帮助他们解决学习上所遇到的困难。

身处二十一世纪的网络年代，我们必须顺应时代潮流，除了善用"因材施教"的原则，更要灵活使用"动态教育"，仔细观察孩子在人格发展及知识学习的现状，随时调整我们的教育方式及内容，才能够在这个充满变化的年代，教出乐观上进、积极爱学的好孩子。

Box：

　　当今网络时代，社会形态瞬息万变，孩子的性格和才能，也随之不停地在变化。除了善用"因材施教"的原则，更要灵活地使用"动态教育"，仔细观察孩子在人格发展及知识学习的现状，随时调整教育方式及内容。

24

学乐器不等于学钢琴

对于华人来说，似乎学音乐等同于学钢琴，成千上万的父母，迫不及待地开始给孩子上钢琴课，周遭互相攀比的压力，更让无数父母一头栽入逼小孩练琴的行列。

事实上，学音乐不等于学钢琴，有音乐天分的孩子，也不一定有弹钢琴的天分。钢琴是一种基础性的乐器，学会弹钢琴之后再转其他乐器会有一定的基础，这是学钢琴的优点。但是由于从小学钢琴的人很多，尤其是华人，所以相对来说，竞争非常激烈，除了努力之外，必须是非常有天分的孩子，才能小有所成。更进一步地说，比较各种西方乐器，学钢琴除了感觉特别高雅之外，是投资回报率最低的乐器，不但学费特别贵，由于学钢琴的人多，在各大音乐竞赛中，钢琴是最难出人头地的乐器。如果家长没有认识到这一点，很难给孩子建立积极健康的心态，在不断与邻居朋友攀比的学钢琴过程中，不但没办法使音乐变成一种爱好，反而更容易打击到孩子的自信心，产生厌烦学乐器的心态，间接地影响孩子其他方面的学习能力。

·孩子适合学什么乐器

十五年前，我也和一般的华人妈妈一样，总觉得钢琴是不可不学的才艺，就送宇琪去上钢琴课。直到数年后，我才发现宇琪根本不适合弹钢琴。

不像宇阳，宇琪从小做什么事都主动认真，就拿学钢琴来说，她总是努力练习，用了非常多的时间和精力，以外人的眼光来看，宇琪钢琴已经弹得很不错了，但作为妈妈我知道，她在钢琴上的付出及回报不成正比。就这样成效不彰地埋头苦练了几年钢琴，我一直在暗中琢磨研究，到底为什么宇琪的努力不能完全发挥出来，直到她开始弹较艰难的钢琴曲，我才逐渐明白，与其说她没有弹钢琴的天分，不如说她天生身体条件不合适。

每个钢琴老师都知道，到了高级的曲子，常有急速弹奏的八度连音，如果天生手掌小，气力不足，再怎么练也不可能弹出曲子的效果。宇琪正是这样，她的手掌张开，勉强可以碰到八度音，再加上天生骨架小，手没什么力气，弹钢琴时很难弹出音乐"强"（forte）的效果，更别说什么其他的情感表现。

女儿一向认真好强，凡是老师交代的，一定竭尽全力做到。我在一旁看她苦练钢琴，却效果不彰，很是心疼。在我终于研究出问题症结后，特意找了一天，和宇琪商量讨论："宇琪，妈妈觉得你的手太小，不适合弹钢琴，接着学下去，可能也很难有所突破。如果你喜欢音乐，不如改学小提琴，小提琴有大小不同的尺寸，可以按照手的大小来选择。小提琴也不需要像钢琴那样用力大声地弹奏，是属于柔美的乐器，比较适合像你这样身形娇小的女孩子。"

女儿乖巧听话，立刻点点头说："妈妈，我改学小提琴后，还可以参加温哥华青年交响乐团，和朋友合奏音乐，应该会比自己一个人练钢琴更有趣。"就这样，我们决定放弃钢琴，改学小提琴。

学音乐是相通的，由于多年的钢琴学习基础，宇琪对识谱、乐理，以及曲子的表达都很熟练，改学小提琴，只需要将拉小提琴的技巧学会，便可以突飞猛进。

宇琪明白这个道理，认真学习小提琴技法，整整一年没有拉任何曲子，只是不断练习枯燥的音阶及技巧。正如我们所料，一年之后，宇琪的小提琴演奏有如破茧而出的蝴蝶，生动优雅。她很快便考入温哥华青年交响乐团，并出乎大家意料，以新入团黑马的气势，一举赢了团内举办的协奏曲竞赛，成为首席小提琴手，还赢得与乐团独奏的表演机会。

先生和我高高兴兴地为宇琪买了漂亮的礼服，并且将表演实况录下来，放在 YouTube 上，没多久就有上万网友观赏，宇琪自己也非常有成就感。这样的快乐，是多年苦练钢琴得不到的。

· 意外成为独一无二的多乐器表演家

同样从学钢琴到学小提琴，宇阳却有完全不同的经历及感受。

九岁就在国际钢琴大赛获奖的宇阳，早已习惯舒舒服服坐在九尺长的史坦威三角钢琴前，轻松自在地弹着一首又一首的钢琴名曲。跟着姐姐初学小提琴的宇阳，虽然也倚仗着雄厚的音乐基础，以惊人的学习速度练习小提琴的各种技巧，但宇阳总是板着脸，不停抱怨："为什么我要站着拉小提琴？"

"为什么要一直举着双手拉小提琴？"

"为什么左手要扭过来按小提琴的琴弦？"

"为什么……"

"为什么……"

"为什么我要学拉小提琴？"

就这样，我在宇阳不绝于耳的抱怨声中，勉强逼着他跟着姐姐一起，学了三年的小提琴。真心喜欢小提琴的宇琪，拉的曲子悠扬动听；而心不甘情不愿跟着姐姐学小提琴的宇阳，虽然也通过重重考试，混了一个加拿大皇家音乐学院的小提琴表演级证书，但小提琴拉得实在没有足够的美感。

记得那时宇阳才十三岁，已经厌烦一个人练钢琴、表演钢琴的日子，他说想像姐姐一样参加温哥华青年交响乐团，和其他喜欢音乐的小朋友一起表演音乐。这下麻烦了！温哥华青年交响乐团根本不特别招收小钢琴家，而宇阳又不喜欢拉小提琴，这下，拥有无数国际钢琴大奖的宇阳，竟然无法参加青少年乐团，与同样年龄的小小音乐家们一起学习、一起表演音乐。

这时期的孩子是最重视朋友的时候，"学音乐的孩子不会变坏"，在青年交响乐团里长大的孩子，不但可以在乐团学习音乐，更可以结交无数志同道合的音乐之友，一起学习一起表演，悠扬的乐曲伴着他们一起成长。这种乐趣，是从小孤独练琴的孩子无法经历体会的。

既然弹钢琴进不了青年交响乐团，宇阳又不喜欢拉小提琴，不如再学个大提琴吧？拉大提琴的基本姿势与弹钢琴相似，不需要像拉小提琴那样，举着手臂，扭着手腕，小心谨慎地提着力气拉，只要全身放松，抱着大提琴，舒舒服服地放开来坐着拉。果然，舒适的演奏姿势，让懒惰的宇阳很快对大提琴有了学习的欲望。加上小提琴的弦乐知识及技巧，宇阳很快就对大提琴有了浓厚的兴趣。

事实上，在所有弦乐器中，小提琴是最难学的，也最难拉出动人的旋律，因为小提琴小，左手扭过来按弦时，最难控制音准，如果小朋友没有很精准的音准概念，根本不可能找到正确的把位及音准。而大提琴由于琴大弦长，位置稍差一点，对音准不会有太大的影响，比小提琴好学多了。

就这样，宇阳学不到两年，就因大提琴进入温哥华青年交响乐团。由于宇阳会弹钢琴，会拉小提琴，也会拉大提琴，很快就成了乐团中的名人。温哥华青年交响乐团指挥科尔先生非常赞赏宇阳的音乐天分，特别在乐团演出时，让宇阳在大提琴、小提琴，以及钢琴三种乐器中轮换着演奏。

其实，大多数交响乐团里最缺乏的弦乐团员，既不是小提琴家，也不是大提琴家，而是冷门的中提琴家。所以现在如果有朋友来问我，该给孩子学什么乐器好，我会很诚恳地告诉他们，像中提琴这样悠扬而冷门的乐器，最容易使孩子在音乐上获得成就感。

记得那年温哥华青年交响乐团招收的中提琴演奏者不足额，指挥科尔先生知道宇阳的天赋，便建议他在乐团中拉中提琴。因为是帮乐团解决中提琴演奏者不足的问题，便由乐团出借给宇阳昂贵的中提琴，用来练习和表演。这下，宇阳仗着深厚的音乐基础，正式成为温哥华青年交响乐团独一无二的四项乐器表演家：小提琴家、中提琴家、大提琴家、钢琴家。在温哥华青年交响乐团与温哥华市立交响乐团同台表演时，著名指挥家托维先生还特别向所有观众介绍宇阳的音乐天赋及成就。

"因材施教"是大家耳熟能详的教育原则，但真正能做到的却没有几个。以学习音乐为例，绝大多数的父母，只是一窝蜂地逼着孩子学钢琴，学得不如邻居的孩子快，弹得不如邻居的孩子好，就说他们不够认真努力。其实每个孩子天生兴趣不同，天赋也不同，父母应该认真观察孩子学习的状况，选择合适的乐器。

　　试想，如果我一直让宇琪苦练钢琴，不但浪费时间、一无所成，时间久了，宇琪不免有挫折感，开始怀疑自己的能力。长久下去，学习钢琴不但不会陶冶性情，帮助宇琪发展正面积极的人生观，反而会在她小小的心灵留下阴影。

　　直到现在先生都还时常夸奖我，由于当年我的认真观察、因材施教，正面引导宇琪改学小提琴，并且鼓励宇阳转学大提琴，不只圆了他们的音乐梦，在乐团表演自己适合并热爱的乐器，也亲身经历了"努力付出，便可以得到收获"的过程，这正是音乐美化人生的最佳实例。

Box：

　　每个孩子天生兴趣不同，天赋也不同，父母应该认真观察孩子学习的状况，选择适合的乐器。

冷门就是热门

"数学奥林匹克省赛冠军、古典钢琴演奏家、青少年网球队比赛种子选手……"这名杰出的华裔子弟，觉得自己各方面优异的表现一定可以考进哈佛大学，没想到，不但被哈佛大学拒绝，也被其他六所常春藤大学全部拒收。

对这样从小事事杰出、处处优秀，一心想读哈佛大学的孩子来说，被所有顶尖的大学所拒，真如同晴天霹雳。熟识的亲戚朋友也不能理解，这样优秀的孩子，为什么连一所好大学都进不去？

在回答这个敏感的问题之前，让我们先设身处地地把自己想象成哈佛大学的招生审查官。试想，如果是我们，看到数以千计的华裔杰出子弟，有着大同小异的履历及成就，难道不会怀疑，是否他们都对数学、钢琴以及网球有过人的天赋及学习的热情？还是这无数千篇一律的成长履历，只是在父母期望及逼迫下的产物？

·为什么中国孩子都学一样的东西

中国自汉武帝"罢黜百家，独尊儒术"开始，偏重"齐家治国平天下"的文科教育，科举制度不知道误导了多少科学天才，他们浪费了自己的理科天赋，拼命作诗、写文章，希望金榜题名，光宗耀祖。近百年来，受到西方文化的影响，我们也明白科学教育的重要性，但似乎仍改不了中国人对"优秀"这个名词的"统一"定义。只要在某种竞赛，出现一两位扬名国际的杰出华人，家长便一窝蜂地送自家孩子去学习该才艺，奥数、钢琴、网球，全是这个原因而成为东方孩子必学的课程。但试问，就音乐天分而言，到底能有几个郎朗？就兴趣来说，到底有几个孩子，对奥林匹克数学有学习的热情？

美国及加拿大都是新兴的移民国家，他们立国之本就在于"创新"。北美的顶尖大学，在选拔入学新生时，首重"创造革新"，凡是获得美国"英特尔国际科学与工程大赛"（Intel International Science and Engineering Fair）的头等奖，就是美国各顶尖大学争相录取的优秀青年。原因很简单，因为在这种富有权威性的大型科学创新比赛中胜出，直接证明获奖学生对科学的热情及创造力。

在美国顶尖大学中，充满着来自世界各地的辩论高手，大学校园中，以辩论为基础的"模拟联合国"（Model United Nations）也十分盛行。主要的原因，就是北美的教育非常重视学生"独立思考"的能力，通过"辩论"，可以清楚知道学生对不同的议题，是否有清晰及独到的见解。

美国常春藤学府希望招收并培养带领人们走向新世纪的领导者，而不是尾随人后、企图复制别人成功经验的跟随者。哈佛大学招生审查官在评审要招收的新生时，最重要的考虑就是"独特性"（uniqueness）。在无数杰出高中生中，哈佛大学要招收有独立思考能力、不断创新并对自己参加的所有活动拥有高度热情的青年。这正是许多杰出华裔子弟被美国顶尖大学拒收的主要原因。"奥数、钢琴、网球"成了"优秀华裔子弟"的标配，父母或许会为自己的子女感到骄傲，但在外国人眼中，只觉得为什么中国孩子，全会一样的东西。

国际钢琴大赛有个独特的现象，那就是参赛者80%都是华人，再加上10%的韩国人、6%的日本人，剩下的，只有4%的白人，但最后进入决赛并且胜出的，却不成比例。而我认为，无数的华人父母视弹钢琴为最重要的才艺，拼命逼孩子练琴，是华人自己为孩子制造了这样的恶性竞争环境，可怜许多华裔小钢琴家，铆足了劲天天练琴，却往往在大赛中惨遭淘汰。另外一点令外国人无法理解的，就是很多的华裔青年钢琴家，天天练琴，到处参加比赛，但却不打算学音乐，一心想借由钢琴这门特殊才艺，进入哈佛。

事实上，所有常春藤大学，都有好几个校园交响乐团，为了创造高品质的音乐，他们每年都要招收各种乐器的杰出演奏者，例如，小提琴、中提琴、大提琴、笛子、黑管、单簧管等，交响乐团的乐器演奏者，唯独不需要招收钢琴演奏者，因为多数交响乐团的曲子，并没有钢琴的部分。反倒是冷门的乐器，像是中提琴及黑管，因为很少有人会，不但参加各大音乐比赛容易胜出，更因为是校园交响乐团不可或缺的重要乐器，演奏者往往会受到常春藤大学招生官的青睐，以黑马的姿态被选入美国顶尖的大学。

·够独特，还要有团队精神

除了音乐，体育也是同样的道理。从宇琪、宇阳很小的时候，我便为他们报名多项社区体育活动，在温哥华这个充满华人的城市中，可以很清楚看出华人家长对子女参加体育活动的喜好，是偏重"个人才能"远离"球队运动"。网球、羽毛球、游泳、跳舞的练习场上，随处可见中国学童，而外国人钟爱的美式足球、曲棍球、水球，则少见到东方孩子的身影。外国人最重视团队精神（team work），连体育活动都偏爱"个人才能"的华裔子弟，要如何证明自己有团队合作的精神？

由于出国早，我和先生的观念比较西化，虽然也像传统的中国父母一样，送孩子参加各种才艺班及体育活动，但我们非常重视孩子的团队活动。记得宇琪、宇阳学钢琴后没多久，我们便想到，弹钢琴进不了温哥华青少年交响乐团，弹得再好，也只能独奏，能结交的音乐朋友有限。如果学小提琴，就可以加入乐团，与众多喜好音乐的朋友们，一起演奏悠扬的乐曲。只是当时没想到中提琴的声音更醇厚动听。宇阳在温哥华青年交响乐团多年，除了拉小提琴及大提琴，更在乐团指挥的鼓励下，自学了中提琴。热爱音乐的宇阳说，他还要学萨克斯风和黑管，希望将来能在乐团里与精通管乐器的朋友，一起"玩"音乐。

再说到游泳，我们也像无数华人家长一样，送宇琪和宇阳去游泳队，接受专业的训练，在游泳池中一趟趟来回地游，教练拿着码表，高喊着："快一点，再快一点。"虽然游泳可以锻炼毅力及耐力，但总是来来回回地自己游，没多久，宇琪、宇阳就纷纷抱怨，说游泳实在太无聊了。我和先生向来重视团队活动，立刻想到把他俩送入水球队，结合游泳及团体球队运动，真是一举两得。在水球练习及比赛中，也结交了一群与华裔孩子想法不同的运动家朋友，开阔了宇琪、宇阳的视野。

在我们参加的游泳队中，有个和宇阳同年龄的韩国小男孩，非常有天分，在高中时，得了加拿大游泳分龄比赛的总冠军，他非常高兴，以为一定可以被美国常春藤大学收为游泳队员。没想到，游泳是以秒数计成，加拿大游泳冠军，若与美国同龄选手相比，成绩仍差了好几秒，无法因游泳而被各常春藤大学录取。多年苦练的功夫，好不容易得了全国冠军，以为一定可以因此上顶尖的大学，却到了最后才发现，游泳比赛，全世界的选手以秒数互相竞争，在加拿大得了全国冠军都不够好。我们认识的许多华人家庭，在多年专业的游泳训练后，也遇到同样的问题。想想，许多小小的游泳健将，每天一大早就高强度的晨练，下午往往还要再练，每天至少花上五六个小时，在游泳这个专项，却没有想到，其实学游泳与学钢琴的缺点相似，都是许多人倾力投入、竞争力极高的比赛项目，所以如果家长和孩子，不是以兴趣为出发点，而是希望借此活动增加申请大学时的亮点，那极可能事倍功半，迎来不必要的挫败感。

当初送宇阳去打水球，只是不想浪费多年游泳的功夫，没想到歪打正着，竟跟着球队赢了省冠军。如果像别的华人家长一样，不顾孩子的抱怨，继续逼他们练习游泳，每天在游泳池里，孤单地与时间竞赛，不但孩子不能有快乐的童年，在分秒必争、竞争激烈的游泳比赛中，恐怕连个区赛都无法胜出，别说什么省冠军了。

其实，所有美国顶尖大学都明白地指出，他们希望招收在各个领域有出色表现的优秀人才，所以真的没必要从小就一窝蜂地去学各种"热门"才艺，劳神伤财，还常常"撞得头破血流"。学习才艺，应该按照孩子们的天赋，重视他们的喜好，来选择适合的活动，才能培养出快乐又有独特见解的优秀青年。

Box：

1. 按照孩子们的天赋，重视他们的喜好，来选择适合的活动。

2. 不要一窝蜂地去学各种"热门"才艺，应该按照孩子的天赋及喜好，选择适合的课程，才能培养出快乐又有独到见解的优秀青年。

3. 常春藤学府希望培养的人才：

· 带领人们走向新世纪的领导者，而不是尾随人后、企图复制别人成功经验的跟随者；

· 有独立思考能力、不断创新者；

· 对于参加的活动拥有高度热情者；

· 重视团队精神者；

· 在某个领域或项目拥有出色表现者。

一人三重奏乐团

　　加拿大全国广播公司（CBC）对宇阳十六岁时制作的《一人三重奏乐团》（*One Person Trio*）音乐影片，推崇有加。一个高中学生，能精通一门乐器已经非常不容易，宇阳不但精通三种乐器（钢琴、小提琴及大提琴），并将自己分别演奏这三种乐器的实况录下来，利用计算机科技影音技术合成，创造了由他一人演奏著名作曲家门德尔松（Felix Mendelssohn）的三重奏音乐影片，令古典音乐界前辈敬佩地说，再过几年，宇阳就可以出一人乐团专辑了。

·从小开发音乐听想能力

　　宇阳自小开始，不论我让他读书还是练琴，他首先胡闹反抗；一看起不了作用，便开始谈条件，能少做多少算多少。所幸姐姐宇琪不但没有被弟弟的无理取闹影响；她似乎从小就看不惯弟弟天天无所事事、不思学习，常常在弟弟的哭闹声中继续练琴。就这样日复一日，宇阳在不知不觉中对姐姐弹的古典钢琴曲也愈来愈感兴趣，总是不自觉地边玩边哼姐姐平时练习的曲子，并不时走到钢琴边，也想弹弹看。

记得我在电视上看过美国演员比尔·科斯比（Bill Cosby）主持的脱口秀节目，邀请一个五岁大的男孩，说他是个音乐天才——他可以背对钢琴仅靠听力就分辨出主持人在钢琴上弹的是哪一个琴键。那时我对音乐学习还不太懂，心想这五岁大的男孩真神奇。而我和宇琪、宇阳一同学习音乐多年后才知道，只要在七岁以前给孩子专业的音乐音准教育，有一半以上的孩子都可以发展出这样的能力；但如果七岁前没有接触过音乐的训练，脑中相关的音乐细胞便会因为没被开发而萎缩，之后再也没有机会重新学习；换言之，就是彻底浪费了音乐的天分。

美国音乐教育家艾德温·戈登（Edwin E. Gordon）曾经提出著名的幼儿音乐听想理论，音乐听想就是在脑中对音乐的理解，不需通过实际的表演，就已对所要演奏的音乐融会贯通，可以在自己的脑中演奏。他强调音乐学习思维的重要，并说："音乐听想之于音乐，正如同内在观点之于演讲的重要性。"他也指出，虽然每个孩子天生的音乐潜能不同，在九岁以前，可以通过专业的音乐学习而有所进步，但以后就无法通过后天的学习而进步。

加拿大的音乐教育非常完善且有系统，音乐老师都根据皇家音乐学院的教材来教授各种乐器，教学教材包括音阶练习、乐理知识、表演技巧，以及演奏曲目，按照难易程度分为一到十级，再加上演奏家级及教师资格级，完成皇家音乐学院的十级考试，就相当于从一个颇负盛名的音乐学校毕业。

由于美国并没有全国统一的音乐学院及考试制度，几个美国的大城市，像旧金山及洛杉矶，也有加拿大皇家音乐学院的教材及考场。许多从国内移民来加拿大的家庭，更是立刻让孩子按照加拿大皇家音乐学院的教材来学习乐器，宇琪也不例外。我只是没想到在一旁听的宇阳，也能在不知不觉中，耳濡目染，随着姐姐一级一级地进步。

虽然宇阳四岁前从未真正学过钢琴，但每天听姐姐有系统的练习，他的音乐听想能力早已超出我们想象，从四岁开始正式学钢琴，八岁就以高分考过加拿大皇家音乐学院钢琴十级，九岁参加西雅图青少年音乐大赛，一举成为该比赛有史以来最年轻的金奖得主，震惊音乐界的老师及学子。

·学习热情胜过比赛输赢

在宇阳学习钢琴的过程中，也有着和其他孩子相同的问题，那就是不爱练琴。为了提高宇阳对练琴的兴趣，我们常在家中举办小型家庭式音乐会。

我们在温哥华认识了一个移民来加拿大的台湾家庭，他们的女儿因茵正好和宇琪一样年纪。因茵很小的时候，钢琴就弹得非常好，九岁就得了加拿大全国钢琴大赛第二名。我们时常聚在一起，大人喝茶聊天，小孩则表演他们新学的乐曲给大家听。孩子们有时还会自己组成小乐团，演奏喜欢的流行音乐，多年下来，他们不但一起练习，也成为最好的朋友。举办小型家庭式音乐会，不但让孩子们在温暖熟悉的环境中发挥所学，也使枯燥的练琴时间成为享受音乐的欢乐时光。

用比赛来促进孩子练琴，其成功的关键在于"不求胜"，必须让孩子明白比赛是为了互相观摩，勇于表现好的一面，并学习改进自己不好的地方。只要尽全力准备，参加就是胜利，不论结果如何都该庆祝。

记得宇琪、宇阳频繁参加大小钢琴比赛的那几年，是我们最常全家一起外出吃饭的日子，因为不论输赢，只要参加就会庆祝，在孩子小小的心灵中，对比赛不但没有感到压力，反而是件非常开心的事。先生常告诉他们："成功的人必须是'工作时，尽全力工作；玩的时候，也要尽全力地玩'（work hard，play hard）。人不是机器，休息及玩乐不是过错，在努力过后，放轻松玩乐是必要的。"

在宇阳十岁左右，先后赢了许多国际性的钢琴大赛，许多人都看好他以后会成为著名音乐家，但身为妈妈的我心里明白，小小的宇阳早已厌烦每天弹琴的日子——想想做大人的我们，如果长久持续做同一件事都会产生倦怠感，何况是小小的十岁孩子。在宇阳考过加拿大皇家音乐学院的表演级、拿到演奏家证书后，我便问他还想接着学钢琴吗，他考虑了一下，说不想再"练"钢琴了。我明白他的意思，他心底觉得不继续学有些可惜，但实在提不起劲认真练琴了。

记得宇阳在西雅图钢琴大赛得奖时，有个非常喜欢他的评审在发奖典礼后特别来祝贺宇阳："我喜欢你演奏钢琴时如火般的热情，千万不要失去这种感觉。"如果我不顾宇阳不想练琴的倦怠感，继续让他学琴、参加比赛，怕是过不了多久，他就要失去对钢琴的热爱。于是我对他说："不然我们休息一阵子，等你想练琴、想再参加钢琴比赛了，我们再重新开始学。这段期间，你可以随意弹自己喜欢的曲子。"宇阳听了，很高兴地答应了，就这样，我们在宇阳接连赢得好几场国际钢琴比赛后，毅然决定退出。好多音乐界的朋友都不敢相信，问我为什么不让宇阳接着学钢琴，我回答说："等他重拾对钢琴的热情后，重新来过吧。"

· 学提琴，却意外重拾对钢琴的热情

停学钢琴以后的宇阳，日子突然变得清闲，我知道他有过人的音乐天分，便鼓励他和姐姐一同学小提琴："你不用像练钢琴那样练小提琴，只要每个星期上半小时的小提琴课，再大致练练皇家音乐学院里的曲目，就可以了。"宇阳听我说的要求不高，花的时间也不多，就同意了。

由于钢琴基础雄厚，宇阳学起小提琴来似乎特别容易，虽然没有像弹钢琴那样的专业水准，但应付皇家音乐学院的各级考试，也算绰绰有余。就这样，不到三年，宇阳就通过了小提琴表演级的考试，虽然分数不高，却也拿到了小提琴的表演家证书。

在学习小提琴的过程中，宇阳总是时不时抱怨，为什么拉小提琴要一直举着手、举着琴，实在太不人道，童言童语听来实在好笑。但仔细想想，宇阳一直是舒舒服服坐着弹钢琴，换成要一直站着，还要扭着左手高举小提琴，自然无法习惯，或许这正是他始终不太喜欢小提琴的原因。

宇阳十三岁就不再学小提琴了，也没打算重拾练钢琴，我担心他即将进入青春期，如果日子太闲散，没有生活目标，会容易学坏。另一方面，我也怕不学钢琴，也不学小提琴，会浪费了他的音乐天分，就建议他学大提琴。大提琴舒舒服服坐着拉，和钢琴很像，再加上和小提琴一样同是弦乐器，宇阳学起来更是轻松自在。十六岁时，宇阳又考到大提琴演奏级，成为拥有三个加拿大皇家音乐学院表演家证书的少年音乐家。

钢琴是乐器之王，学好了钢琴就像开启音乐的大门，对其他乐器都能触类旁通、举一反三。五年前，当朋友们问我他们的小孩该从什么乐器开始学，我总是告诉他们"钢琴"，因为那样最快也最有效率。但在宇阳学了小提琴及大提琴后，我才明白，原来钢琴的音准是采用间断的平均率，而小提琴及大提琴这样的弦乐器，则是连续性的音准，并且需要随时根据曲目的大小调性，在演奏时做即时调整。由于宇阳在十岁前没有接触过弦乐器，所以他的音准发展是按照钢琴的平均率，使得他在学习高级的弦乐曲时，总被老师批评音拉得不准，但以钢琴的标准来说，宇阳觉得自己已经拉得够准了，觉得为什么老师鸡蛋里挑骨头总是找他麻烦。

记得两年前，宇琪和宇阳想要学一些小提琴的世界名曲，我便为他们聘请一位茱莉亚音乐学院毕业的小提琴演奏家罗伯特来教他们高难度的小提琴名曲。老师听了他们俩拉的小提琴曲后，说了一段耐人寻味的话："在弦乐的调性学习上，可分为四个阶段：第一阶段，你不知道你不会；第二阶段，你知道你不会；第三阶段，你不知道你会；第四阶段，你知道你会。"

很显然，老师看到两姐弟兴致勃勃地拉着世界名曲，不好意思明言，从弦乐器的角度来听，他们所拉的音音准实在太差，只好委婉暗示，从专业的标准来看，宇琪、宇阳的弦乐音准水平正处在第一阶段：不知道自己不会，还以为自己拉得很好。

从那之后，再有人问我该让孩子先学钢琴还是小提琴，我就会回答："如果想成为专业小提琴家，一定要先学小提琴，从小开发连续性音准的能力；但如果只是想多学几种乐器，就要先学钢琴，才可以对音乐有全面的认识，之后再学其他的乐器，都容易得多。"

学过了小提琴及大提琴后，宇阳终于明白自己的音乐天分主要在钢琴，只有弹钢琴才能无所限制地表达出他对乐曲的热情。经过将近五年的弦乐训练，他更深刻地明白如何能用钢琴弹出如歌般的优美旋律。

重新找回对钢琴的热爱后，宇阳在十六岁时又一次参加全国钢琴大赛，并以《柴可夫斯基第一号钢琴协奏曲》，再度赢得加拿大全国钢琴大赛冠军，并融合他多年的音乐所学，结合最新计算机科技，创造出连世界级音乐大师都赞叹的"一人乐团"。

Box：

　　1. 如果想成为专业小提琴家，要先学小提琴，从小开发连续性音准；但如果只是想多学几种乐器，就要先学钢琴，这样会对音乐有全面的认识，之后再学其他的乐器，都容易得多。

　　2. 遇到孩子学习的倦怠期，要抛下曾经的光环，允许孩子有休息和调节的时间，直到他重拾学习的热情和信心。

27

充分准备不求赢

"起床了，宇琪，宇阳，已经四点了，妈妈做了好吃的早餐，快起来吃饭了。"十一岁的宇琪和九岁的宇阳，睡眼惺忪地走到餐桌前，虽然起床了，却仍无精打采，身体还在半睡眠状态，我将家中所有的灯打开，并大声地放着音响，坐在餐桌前，和他们聊着加拿大的国球冰球比赛，希望帮助他们在热闹的气氛下，尽快清醒。

· 充分准备，连生物时钟都要考虑到

加拿大全国钢琴大赛总决赛，通常在东岸举办，与温哥华时差三小时，钢琴比赛的赛程表，通常在比赛前一个星期左右，才会排定。如果被排到早上九点的比赛时间，就是温哥华时间早上六点，加上起床洗漱，开车到比赛会场，及赛前练习的时间，必须得要在当地时间七点起床，也就是温哥华时间早上四点。如果不先在家里调整时差，飞到了东岸，由于时差的原因，早上昏昏沉沉、精神不济，怎么能有好的表现？想想，为了参加全国钢琴大赛，已经专心准备了几年，如果不能以最佳演奏状态上场比赛，岂不白费了之前的功夫。为了调时差，想早起，必

须早睡，要保持八小时的睡眠，早上四点起床，必须晚上八点上床睡觉，但是温哥华的六月，白天很长，基本上到晚上十点，天都还没有全黑，躺在床上，看着窗外透着亮光，宇琪和宇阳都嚷着睡不着，为了使他们的房间不透光，有晚上睡觉的气氛，先生和我只好用厚的黑垃圾袋，将窗户紧紧贴上，让宇琪和宇阳可以在家就先调好时差，以最佳的状态去东岸参加全国钢琴总决赛。

·别让自己的孩子做"井底之蛙"

在北美的音乐界，钢琴比赛分为社区比赛、省级比赛、全国大赛，以及国际比赛，越大的比赛，要求的曲目越多，演奏水平的要求也越高。通过各个不同等级的比赛，孩子们会从互相观摩中成长学习，评审的钢琴演奏家也会就各个不同的曲子，做清晰的讲解：正所谓，知不足，而后求进步。在孩子成长学习的过程中，最怕的就是做"井底之蛙"，一味觉得自己不需花多少努力，就已经很厉害了。殊不知，人外有人，天外有天，只有见过世面的孩子，才知道自己有太多需要学习、进步的地方，才会激发"见贤思齐"的上进心，自动去做（self-motivation）是成功人生的第一步。

以钢琴比赛为例，宇琪和宇阳从小学习钢琴，虽然按照加拿大皇家音乐学院的教材，一级级很有计划地往上学，但总是缺乏点刺激，容易产生倦怠感。小孩子都有好胜心，如果是参加钢琴比赛，就会激发他们努力练习的动力，老师也会为了争取好成绩，而更有系统地教学。参加比赛，是激励学习最好的方法。

宇琪和宇阳参加了社区的钢琴比赛后，对加拿大全国钢琴大赛（Canadian Music Competition），也充满了浓厚的兴趣，加拿大全国钢琴大赛共分为三轮比赛：区域赛（Local Round）、省赛（Provincial Round），及全国总决赛（National Round）。比赛的曲目，也非常全面化，从古典乐曲到现代乐曲，从小奏鸣曲到协奏曲，都是比赛的指定曲目，不只要弹得纯熟，还要弹出不同乐曲的特殊风格，若没有付出时间精力充分准备，是绝不可能有好成绩的。

· 帮助孩子进入"比赛的正面循环"

有了主动去做的念头后，接下来最重要的，便是进入"正面循环"。参加任何比赛，"想赢"是人之常情，但不论任何比赛，除了实力，还有运气，尤其是像钢琴比赛这种有评审的比赛，有许多主观的因素，运气所占的成分，更大了。要想使孩子在比赛中进入正面循环，首先要让他明白：比赛不是为了"赢"，而是借由参与比赛，使自己更进步、更有实力，只要努力准备、认真参与，就已经是胜利者。这样的比赛哲学，可以使孩子以参赛为荣，在没有压力的情形下，主动积极地成长进步。不只在钢琴演奏上互相学习、精益求精，更借由钢琴比赛，建立积极参与、乐观进取的正面价值观。

孩子们都是一样的，有参加比赛的热情，却没有认真练习的决心。做父母亲的我们，想要帮助孩子进入正面循环，最重要的，就是要协助孩子充分准备，使他们在参赛过程中，对自己的实力有信心。以古典钢琴为例，有四个学习阶段：音符和节奏（note and rhythm）、旋律（dynamic）、华彩（color）、意境（mood）。第一阶段音符和节奏，是指每个音符要按照节奏弹得正确清晰，不可以模模糊糊地敷衍乱弹。第二阶段旋律，是乐曲大小声的表现，就像演讲要有抑扬顿挫，乐曲也要有高低起伏，才生动有趣。第三阶段华彩，是对乐曲更进一步的修饰，重复出现的乐句，必须有不同的色彩，才能引人入胜。但真正打动人心，扣人心弦的是第四阶段意境，弹乐曲正如同说故事，必须注入情感，才能引起共鸣。想要参加全国钢琴大赛，钢琴的造诣，必须进步到第四阶段"mood"，否则没有可能进入总决赛。

为了帮助宇琪、宇阳实践进军加拿大全国钢琴大赛总决赛的梦想，我和先生带他们跟最好的钢琴老师学艺，从选曲到练习，接受最专业的训练，并且提前一年就用参加全国钢琴大赛的乐曲，参加多个地方性钢琴比赛，希望他们对要参赛的乐曲，有更深一层的了解。通过多次地方性钢琴比赛，宇琪、宇阳也增加了无数临场经验，对上台演奏比赛，驾轻就熟，不但不会因为上台比赛而紧张，反而因为赛场正式的气氛，集中注意力，往往表现得比练习时还好。

"有了能力，才能有自信"（confidence comes after ability）。孩子的想法往往比较天真，在比赛前，对自己的能力通常不会有正确的评估；作为父母，我们必须帮他们好好计划、充分准备，到了比赛现场，孩子才能对自己的能力有足够的信心，随心所欲地发挥所学。

· **赛前充分准确，已经赢了**

"充分准备不求赢"，是参加各项比赛的关键。只有赛前充分准备，孩子对自己的能力，才能有足够的信心。参加任何比赛，父母必须对此由衷认同，并教育孩子：输赢不重要，重要的是，赛前有没有尽全力去准备，比赛时，有没有专心投入发挥自己最好的表现；只要做到赛前充分准确，参赛时全力发挥，就是孩子的成就，父母的荣耀。至于输赢，根本不重要；重要的是在过程中的学习进步，以及在参与时的亲身实践。"不求赢"才能使孩子在没有压力的心态下，将充分准备的技能，配上无比参与的热情，激发出自己不为人知的无穷潜能，在比赛当天，往往会有令人意想不到的超水平表现。

宇琪和宇阳从小就参加各种学术、音乐及体育的比赛，面对每项比赛，先生和我都希望他们能将比赛当作学习进步的动力，对所学的技能精益求精。在比赛当天，我们全家总是以欢欣鼓舞的热情，让孩子明白，比赛重在参与，不在输赢。这样的教育理念，使孩子对参加比赛更有热情，对所学习的技能更有热爱，由于没有求胜的压力，往往在参赛时有出人意料的杰出表现。

参加各项竞赛，可以丰富孩子的眼界，激发上进心，在参赛程过程中，只要充分准备，就会使孩子的实力大增，进入正面循环。最重要的是"不求胜"的心态，可以有效地转压力为动力，开发出孩子不为人知的巨大潜能。

Box：

1. 赛前充分准确，参赛时全力发挥，就是孩子的成就，至于输赢，根本不重要，重要的是，在参赛过程中的学习进步。

2. 孩子普遍有参赛的热情，没有认真练习的决心，我们必须协助孩子充分准备，帮助孩子进入比赛的正面循环。

28

比赛的心理学

　　成功的军事家及商业家为了扩张军事及商业领土，都会对自己的士兵及员工进行鼓舞人心的精神教育，目的是让大家众志成城、团结一致朝共同的目标努力奋斗。父母若希望子女自动自发、认真好学，不妨向这些成功人士学习，从心理学着手，使孩子发自内心地认同，并与父母站在同一阵线，互相合作。有效率地运用教育心理学，是成功教育不可或缺的先决条件。

·欣赏别人的优秀，也肯定自己的价值

　　"鼓励"可说是最简单的教育心理学，孩子天生喜欢得到父母的肯定及夸奖，十岁以前的孩子，鼓励式教育可以培养孩子学习各种知识及技能的热情，从小建立自信乐观的人生态度。通过温暖亲切的鼓励式教育，更可以建立良好的亲子关系，使孩子对父母产生依赖及信任，为之后的教育奠定基础。

　　随着孩子一天天长大，接触的人事物愈来愈广，鼓励式教育不再是最好的教育方式。孩子在学校与同学们互相学习，也同时互相比较，他

们很快就会发现，原来自己不是像父母或爷爷奶奶说的那样聪明优秀，有些同学可以轻轻松松就考高分，而自己却做不到，为了保持自己聪明的形象，孩子们自然会倾向逃避："与其认真努力还考不过别人，不如不要努力，至少还有个借口，说自己不是不聪明，只是不努力。"这时候是重要的教育关口，若是没有适当的心理建设，孩子很容易进入不良的负面循环，由于缺乏努力而成果贫乏，渐渐对自己失去信心，对学习失去动力。

对即将进入青春期的孩子，最重要的就是"现实教育"，必须让孩子明白，每个人天生的能力和专长都不同，要懂得欣赏别人的优秀，更要肯定自己的价值，绝不可以因为害怕失败，担心比不过别人，自己就先放弃，而不愿付出努力了。学习的乐趣在于过程，不在结果；成长进步是与过去的自己做比较，而不是和别人做比较。有了正确的学习态度，才能避免不必要的挫折感，以健康成熟的心态面对人生多彩多姿的挑战。

从小，我和先生就采用鼓励式教育，来激发宇琪、宇阳对学习的兴趣及参与各项活动的热情，其中最令我印象深刻的，是参加水球比赛的训练。在宇阳的水球队中，有个来自东欧的小男孩，他身材娇小却无比顽皮，总是不听教练的话，迟到早退，不好好接受训练。但这小男孩似乎天生就是打水球的佼佼者，可以在泳池中敏捷地绕过所有拦截他的对手，高跃出水面数秒，以强而有力的高速球轻轻松松灌网得分，常常看得宇阳目瞪口呆，真切地体会到何谓"天分"。

从小就缺乏运动天分的宇阳若有所思地告诉我："妈妈，我想我再怎么练水球，也不可能打得那样好。"我立刻告诉宇阳："每个人天分不同，你可能没有那么好的运动天分，但是你的音乐天分很好。人不可能样样都有天分，你的音乐天分高，我们可以多花些时间在音乐上，培养出专长；你的运动天分差些，我们可以将它当兴趣，在欣赏别人天分的同时，也可以锻炼身体，并且多一个运动爱好。"

有了正确的自我认识及学习态度，宇阳对自己的运动能力，并没有过高的期望，只是以健身为目的去参与练习。这样正确的态度，不只使他对水球始终有浓厚的兴趣，并且愿意尝试学习新的运动。

宇琪从小就运动细胞比宇阳发达，十五岁就顺利考上加拿大全国滑雪教练，和宇琪同时考上的，全是从小父母就常带去雪山上滑雪的外国人，像宇琪这样一年只上一星期滑雪课就可以考上滑雪教练的，几乎是天方夜谭了。我常觉得，如果提早发现宇琪的滑雪天分，从小送她到冬奥雪山上做专业的训练，或许有机会成为滑雪的奥运选手。

宇阳跟着姐姐学滑雪，自己知道滑雪天分比姐姐差很多，但他告诉我们："虽然我可能再怎么练也成不了奥运滑雪选手，但我多花些功夫，认真练一练，考上滑雪教练应该不成问题。"这样正面的自我认识，保有了学习新事物的热情，宇阳在勤奋练习下，也在十六岁时通过考试，成为加拿大全国滑雪教练。

·只问过程不问名次的教育心理学

任何比赛及考试都有一定程度的运气成分，准备愈充分，运气的成分越低，成功的可能性越高。尤其是像钢琴大赛这样主观性很强的比赛，只能在充分准备后，再期待碰上喜欢你的评审，才有可能胜出。如果太在意比赛结果，期盼自己的表演总是得到评审的赏识，那无疑是要求过高，自找麻烦。

宇阳从小参加钢琴比赛最大的收获就是"不怕批评，不畏失败"。温哥华是个热衷音乐教育的城市，各式各样的音乐节提供数不胜数的非竞争性或竞争性音乐比赛。非竞争性音乐比赛顾名思义，没有名次之分，只是提供给喜欢表演音乐的孩子一个正式的表演机会，有专业的音乐家做细节讲评，主要以鼓励音乐学习为主旨。而竞争性的音乐比赛，就是仿照大型音乐竞赛，由一位或数位评审，在听完所有参赛者的演出后，依照参赛者的表现选出优胜者。

宇阳从小参加各种音乐比赛，我们告诉他，无论参加"非竞争性"或"竞争性"音乐比赛，只要事前努力练习，表演时发挥出自己最好的演奏水平，这次表演就成功了，而无须在意名次的高低。就这样，宇阳在参加无数钢琴比赛中长大，进步的不只是他弹钢琴的技术，更重要的是培养了"只问努力，不问名次"的成熟心态。

· 参赛必备四步曲

1. 激发孩子参赛的主动性。
2. 赛前充分准备：孩子要以最高标准要求自己。
3. 赛前一两周：告诉孩子"你已准备充分"，增加信心。
4. 赛前一两天：告诉孩子"比赛关键不在输赢，而在过程"。

教育心理学不只帮助孩子建立正确的学习态度，激发学习新事物的热情，在参加各种激烈竞赛的过程中，更是不可或缺的重要环节。在宇琪、宇阳学习音乐的过程中，我们认识了许多极有音乐天分的孩子，但却因为没有适当的利用教育心理学，为孩子做适当的参赛心理准备，导致功亏一篑，不只输了比赛，更输了孩子对自己的信心。

参加任何比赛，最重要的就是自主性，必须是孩子自己愿意参加比赛，挑战自我，而不是父母逼孩子参加。鼓励式教育最适用在激发孩子的参赛意愿及热情，只要孩子发自内心地愿意去做，就已经成功了一半。

接下来便是要让孩子明白充分准备的重要性。所有参加比赛的人都希望赢得比赛，也会为了赢得比赛而更认真地练习。一旦下定决心参赛，就要明白"一分耕耘，一分收获"的道理，要以比赛的要求及标准，精益求精地反复练习、认真准备。我常告诉宇琪和宇阳，如果按照一百分来准备，比赛时不小心出了一点错，仍有九十分，但若对自己要求很低，按照八十分来准备，一旦出了错，可能就掉到六十分以下，会因不及格被淘汰了。

到了接近比赛前一两个星期，父母就该告诉孩子，说他已经准备得非常充分，增加孩子对自己能力的信心。如果此时父母还不断强调充分准备的重要，只会加重孩子对比赛的恐惧感，想象着别的参赛者可能比自己厉害很多，结果徒增孩子的心理压力，适得其反。

到了参赛前一两天，更是心理建设的关键时刻，必须让孩子彻底明白，比赛的重点不在输赢，而在过程。为了准备比赛而努力练习，自己的实力大有进步，这就已经赢了，不需在意比赛时的输赢，只要尽全力参赛，就是最光荣的胜者。这样的教育哲理，消除了孩子对"输"的恐惧感，才能有更好的临场发挥及表现。

我认识无数"望子成龙、望女成凤"的父母，经常忽略了教育心理学的重要性，首先不管孩子愿不愿意参加比赛，就逼孩子报名。而后认为时间尚早，不认真准备，直到比赛前几个星期，才逼孩子练习。到了比赛那天，便告诉孩子"必须赢"。这种错误的态度，等于是自己将孩子推入负面循环：因不想参赛而不准备，因准备不足而表现不佳，因表现不佳而对自己失去信心，因对自己失去信心而不想再试。结果便是浪费了孩子的天分，不但输了比赛，还输掉孩子对自己的信心和学习的热情。

善用比赛四阶段的教育心理学，不但能够使孩子准备比赛的过程中，有突破性的进步，更可以借机培养孩子的失败耐受度，将来在人生的道路上走得更成功。

○ Box：──────────────────────

1. 学习的乐趣在于过程，不在结果；成长进步是与过去的自己做比较，而不是和别人做比较。

2. 必须让孩子明白，每个人天生的能力和专长都不同，要懂得欣赏别人的优秀，更要肯定自己的价值，绝不可以因为害怕失败，自己先放弃。

3. 善用比赛四阶段的教育心理学，不但能够使孩子准备比赛的过程中，有突破性的进步，更可以借机培养孩子的失败耐受度，将来在人生的道路上走得更成功。

4. 比赛四阶段的教育心理学，培养孩子的失败耐受度。

A 参赛的自主性：确认孩子是自己想要参与。

B 赛前充分准备：孩子要以最高标准要求自己。

C 赛前一两周：告诉孩子"你已准备充分"，增加信心。

D 赛前一两天：告诉孩子"比赛关键不在输赢，而在过程"，只问努力，不问名次，消除孩子对输的恐惧。

第三部

中学诱导教育

NO.3

㉙

怕失败的好学生，不想全力以赴

"皮特最近练小提琴非常认真，不但依照老师说的一个乐句接一个乐句揣摩乐曲的神韵，更精细地一个音符接一个音符地练音准，最近小提琴的演奏水平真是大有进步，如果去年参加加拿大全国音乐大赛前，他可以这样心无旁骛、专心致志地练小提琴，可能早赢了全国音乐大赛。可惜去年比赛前不认真练琴，现在马上要考 SAT 了，却天天花好多时间在练小提琴。练小提琴是值得鼓励的好事，可是眼看下个月就要考 SAT，难道不该多花些时间精力读书吗？我想说他，却不知从何说起，毕竟充满热情地认真练琴是件好事啊！"

·只问努力，不问名次

听完我的好朋友也就是皮特的妈妈，充满忧虑地说起儿子在考 SAT 前不读 SAT，却拼命在练小提琴，我很直接告诉她，这是典型的好学生害怕失败、不想全力以赴的逃避心理。皮特考 SAT 前不花时间认真念，是为了给自己预留考不好的借口："不是我不够聪明，只是我之前没时间，读得不够"；而现在不参加小提琴比赛了，却拼命练小提琴的原因，是为了证明自己是努力上进的好学生。越是好学生，越求好心切，越害怕失败，往往不自觉地临阵却步，为可能发生的失败预留借口。父母在这个时候必须洞悉孩子害怕失败的胆怯心理，告诉他们任何比赛或考试，一定要全力以赴地去准备，不要太在意结果，只要事前提早计划、按部就班地努力准备，无论成绩好坏，都是值得自豪的胜利者。

记得以前参加游泳队时，宇琪曾经与教练的女儿组队参加游泳接力比赛，教练的女儿，自然是我们全队中游得最快的，理所当然地在游泳接力赛中，游最后一棒。游泳比赛枪声一响，各队的游泳健将们，奋力跃入池中开始激烈的游泳比赛，我队一直领先，直到最后一棒，中途竟被别队的游泳选手追了过去，教练的女儿可能心理压力太大，竟然在游泳池中被水呛到，中途停了下来，没有完成比赛，看到这一幕，我们真是不知道该说什么了。运动员最重要的精神，就是不弃不馁，有始有终，如果为了躲避输的事实，而中途放弃，不但输了比赛，更输掉了自尊。宇琪、宇阳从小参加学术、音乐、体育等方面的各项竞赛，从来没有这种不想全力以赴的逃避心态。我和先生从小就灌输他们正确的参赛观念："全力准备比赛，再积极去试试你的运气。（Do your best，and try your luck.）"我们虽然已经尽全力准备了，但对手可能比我们更努力，这时候我们要以"胜不骄，败不馁"的健康心态，将比赛当作一种学习的过程，成熟面对有赢有输的真实人生。

·合理逃避升学压力的借口

好学生不想全力以赴、怕失败的心态，可能表现在各个方面。其中最常见也最容易糊弄父母的，就是以"不合兴趣"为借口，来逃避进一步的学习及努力。

现在中西文化交流频繁，许多父母也认同读书求学问并不一定是孩子成功唯一的途径，在音乐界、艺术界、体育界，甚至娱乐界，都有杰出的人才，并不一定要靠读书才能有光明前途。许多高中学生在面临沉重的大学升学压力时，心中不自觉地想要逃避，此时最能说服父母认同自己的理由，就是"我对读书没有兴趣，也没有天分，但我对音乐（或艺术）有兴趣，也有天分"。父母往往觉得自己的孩子最好、最有才华，当一向表现不差的孩子说自己对读书没兴趣，想往音乐（或艺术）方向发展，做父母的也会觉得或许应该尊重孩子的意愿及兴趣。殊不知，这样不明就里的开明及爱心，助长了孩子好逸恶劳的逃避心理，并为不想更进一步努力读书的孩子，提供了合理的逃避方式（easy way out）。

北美的中学，大都有各种校内社团活动，提供学生除了主科以外的课外活动，例如音乐、体育、艺术等，主要以培养爱好为出发点，而不是以培训专业人才为目的。

宇琪、宇阳创办的青少年义工表演组织，是大温哥华著名的青少年音乐社团组，常常邀请各个不同中学音乐社团的成员，参加义工音乐会的演出，其中的青少年义工音乐表演者，虽不如那些温哥华青年交响乐团的成员来得专业，但他们的表演也是非常温暖亲切，富有乐趣。

在音乐表演活动中，我们也认识了许多有音乐才华的中学生，他们在学校里大都功课名列前茅，虽然没有接受过专业的音乐训练，但对音乐有很大的兴趣，并参加许多与音乐有关的社团活动。由于音乐社团活动，往往是由学生主导以自由愉快的形式进行，比起学校里的正规课程，自然是更加轻松有趣。因此，许多没有从小接受专业音乐训练，但却喜爱音乐的中学生，在高二高三这个学校课业负担加重、升学压力剧增的时期，萌生想放弃传统学科转读音乐系的念头。

宇琪、宇阳从小跟着专业的老师学习音乐，参加各级音乐比赛，小小年纪就拿了加拿大皇家音乐学院钢琴、小提琴和大提琴三种乐器表演家证书，可说是从小在温哥华音乐界长大，认识的音乐家庭不在少数，我们深深明白，要进入北美著名的音乐学院主修音乐，绝不是件容易的事。不但需要精通一到两种乐器，还必须是音乐大赛的获奖者。如果从没接受过专业音乐训练，只是靠着对音乐的喜爱及热情，想从高二或高三开始准备申请音乐学校，是很难成功的。

由于认识的喜爱音乐的孩子很多，通常碰到这样的情形，我都会很诚恳地建议他们，不要错误地认为"如果改学音乐，一切都会变得容易"。事实上，有无数从小接受专业训练的小音乐家，正在为申请音乐学校而做最后的准备及冲刺，主修音乐这条路，绝不是像参加课外音乐社团或从事义工表演这样轻松自在。许多课业成绩不错的孩子，在即将要升高二或高三的时候，可能对自己有过高期望，导致太大的心理压力，所以不自觉地想要改走一条看起来更容易的路，但事实上，成功的道路，没有一条是容易的；真正最应该做的，就是正视升学压力，认真地研究哪些学科是必须要在高二高三时拿高分的，并且全力以赴。至于音乐方面的才华，可以当作特殊才艺，证明自己不只是会读书，还有杰出的音乐才能。这样更能展现自己的独特性，也更有机会被美国著名的大学录取。如果真的喜欢音乐，可以在进了大学后，再申请双主修或是副修音乐，这才是实际可行的方式。

除了音乐之外，学艺术也很容易成为中学生逃避升学压力的借口，毕竟艺术比较主观，再加上做父母的我们可能看自己孩子什么都好，所以，当孩子突然说对艺术有兴趣时，我们也会自我怀疑，是否一直忽视了孩子真正的天分所在。

很少有学生愿意辛苦读书考试，如果有一个父母认同且又听起来轻松愉快的前途，何必要接着认真苦读。在这个多元化的时代，确实读书不是走向成功唯一的路。音乐及艺术比较主观，不像传统的学科以分数定能力，但这并不表示音乐及艺术没有它们考核的标准。一般功课尚好、对自己的未来充满期待的学生，一旦面临升学压力，往往心生恐惧，生怕自己全力以赴后也达不到理想的目标，胆怯之情油然而生。这时候，以兴趣为借口，找个合理又简单的压力出口，是非常自然的事。父母必须洞悉孩子这种逃避的心态，理智地为孩子分析现实，使他们明白，并全力以赴面对挑战，才是正确的人生态度。

Box：

　　父母必须洞悉孩子害怕失败的胆怯心理，告诉孩子只要提早计划、按部就班努力准备，无论成绩好坏，都是值得自豪的胜利者。

30

青春期的良药

一扇扇宽大明亮的弧形玻璃窗外，远处是风光明媚的山景，近处是紧邻太平洋的各式美丽建筑物，幽雅自然的温哥华市容，在居高临下的温哥华总医院顶楼尽收眼底。在布置温馨舒适的大厅中，放着一台褐色的三角钢琴，与厅内其他温暖色系的布置相辉映。这就是温哥华总医院的安宁病房，没有半点刺鼻的药水味，没有骇人的哭喊，没有家属及医护人员的争执，有的只是平和安详的气氛，以及悠扬动听的音乐。我的父亲，在膀胱癌末期时，在这儿宁静祥和地走完他人生最后的旅程。

· 流动在病房里的音乐

在父亲治疗癌症的过程中，时常住在病房里，有时是为了观察病况，有时是为了方便化疗，我常带着宇琪、宇阳去病房探望外公。温哥华总医院的设备非常好，不但有完备的现代化医疗设备，每个病房都有配套的亲人探访室。房间摆设温暖舒适，加上色彩柔和的钢琴及沙发，就像在自家客厅一样。

父亲原本就喜欢听宇琪、宇阳演奏音乐，我常带着小提琴，让两个孩子在亲人探访室里为父亲表演。悠扬的钢琴与小提琴合奏，吸引许多其他的家属推着轮椅、带着他们生病住院的亲人，前来欣赏宇琪、宇阳奏上一曲。参加过无数音乐比赛的宇琪、宇阳，一向认为音乐演奏无非就是比赛得奖；看着很多患有病痛的老人，因为他们的音乐演奏得到心灵上的慰藉，两姐弟这才深切体会到音乐演奏的真谛，不是为了表现自我、展示自己的音乐才能，而是借由优美的乐曲，抚慰人心，使我们有限的生命，在动人的旋律中体验到无限的祥和与美好。

那时，宇琪正好是温哥华青少年交响乐团的首席小提琴手，看到医院里的患者们对古典音乐表演的喜爱，宇琪便邀约乐团中的好友，一起来病房演奏。从和宇阳的钢琴、小提琴二重奏变成弦乐四重奏，再发展成六七人的小型古典乐团，不但深受病人及医护人员的喜爱，更鼓励了许多小小音乐家学以致用，用他们的音乐天分来回馈社会。

· 心灵鸡汤——做义工

"做义工"是北美中学教育很重要的一环，义工服务时数往往被列在中学毕业必须完成的项目之中。加拿大著名的"爱丁堡公爵奖"也非常强调青少年服务的重要性，希望鼓励中学生通过服务人群培养出健康、正直、认真、上进的人生观。

青春期的孩子不是坏孩子，他们的反抗心理，多半源于生理上突然从小孩长成了大人，在他们的心中也希望能像大人一样独立自主。但毕竟心智还不够成熟，无法真正独立决定自己的人生方向，所以时常为反对而反对。他们首先选定的反抗对象，就是事事计划周详的父母，想以此证明他们是有主见、有能力的个体。但事实上，他们似懂非懂，徘徊在最容易走错方向、迷失自己的时期。西方教育有鉴于此，将义工服务融入中学正规教育课程中，期盼正值青春期的中学生能在服务人群的活动中，建立乐于助人、谦卑上进的价值观。

在华裔移民家庭中，似乎只有早来的移民真正体会到"做义工"对孩子人格发展的重要性。大部分早年来的移民家庭，不但让孩子参与学校提供的义工活动，更积极鼓励孩子在华人社区组织中，参加与华人社团有关的社区服务。温哥华的中侨互助会在他们网站上列出的宗旨："以加拿大的多元文化为基本，秉持着重视每个人不同的文化背景，以市民的福祉和需要为本，待人以尊重、诚信、尊严、互信互助、群策群力，协助不同族裔的新移民融入加拿大社会。"中侨互助会每年在温哥华举办的中侨百万行，就结合了许多华裔青少年义工，为中侨宣传筹款，每年以募得四十万加币善款为目标，帮助中侨互助会致力于华人社区服务的重点项目，例如提供家庭辅导、青少年、妇女等相关服务。

反观大部分的新移民，由于求好心切，多数觉得做义工耽误了孩子学习的时间，常常对学校要求孩子做的义工时数，投机取巧、敷衍应付。有些特别富裕的新移民家庭，更以孩子的名义举办慈善筹款会，孩子不必真的去筹款，有钱的父母自己掏腰包，充当是孩子筹到的金额，好在申请美国常春藤名校时写上一笔。殊不知，这样的做法正是对中学生人格发展上的致命反教育。

美国常春藤名校之所以重视中学生的社区服务，就是希望孩子不只会读书，更懂得帮助他人，明白与人合作的重要性。父母自掏腰包充当孩子筹来的善款，正是变相地教育自己在青春期的孩子不劳而获、投机取巧。试问，孩子怎能打从心中信服父母的作风？又如何能听进父母的话，认真读书、奋发向上？

·从"我"到"我们"

北美的教育不同于传统的华人教育，在这里小学生的第一堂课，老师会在黑板上写上一个大大的英文字母"I"，也就是"我"的意思，在孩子还小不懂事的时候，老师先教育他们要有独立自主的想法，以自我为中心，勇于表达个人意见。

但上了中学，老师便不再强调"I"（我）了，取而代之的是"We"（我们）。北美的中学教育，最强调的是互相合作的（团队精神）。北美著名的"We Day"，就是以解放童工（Free The Children）为起点，进而鼓励中学生一同参与社区义工服务的大型教育活动，在北美十一个城市中，邀请著名学者、企业家、政治家以及知名艺人，通过大型的舞台节目，来鼓舞中学生学以致用、互助合作，一同为服务社会而努力。

传统的中式教育则不然，从小我们被教导要做个"听话、有礼貌的好孩子"，不太重视"自我意识，独立思考"，仿佛我们只是家庭的一分子，社会的一小部分。听父母的话，听老师的话，是好孩子该做的事，不需要表达自己的意见。到了中学，由于升学压力，竞争非常激烈，在学校里，同学间互相比较、各自为政，完全不讲团队合作的精神。青春期的孩子之所以叛逆，就是太注重自己生理上的变化，太以自我为中心，如果此时不做社区服务、不讲团队精神，只会使青春期的孩子更不顾他人，只在乎自己，如此当然要挑战父母的权威，处处和父母唱反调，来宣示自己的自主性。

父亲因癌症过世后，我仍鼓励宇琪、宇阳继续去医院为其他生病的老人演奏，宇琪更积极主动地成立了"We Youth Help"青少年义工表演组织，从二〇〇九年开始，在大温哥华各大医院及养老院举办定期的义工表演，从四人弦乐团扩展到三百多名表演者的青年义工团体。在过去六年中，举办了数百场义工音乐会，成为大温哥华著名的青少年义工团体，连不列颠哥伦比亚省省长都亲自写信，嘉奖这大型青少年团队善用所学回馈社会的好行为。

在组织并举办义工音乐会的过程中，宇琪学会了许多做人做事的方法，更重要的是，宇琪通过筹备大型的义工音乐会，明白了什么叫尊重他人、互助合作。"We Youth Help"伴随着宇琪一起成长，在别的孩子为表现自己独立自主而反抗父母时，宇琪从一场场的义工演奏会学习到真心关怀他人，并且深切体会到，通过自己的能力帮助他人，所得到的满足感，是其他任何事无法比拟的。

父母应该多鼓励孩子去做义工，让他们明白，有许多人需要我们的帮助。通过义工活动，明白知福惜福，并且积极善用所学帮助他人、回馈社会。这一切是无法在教科书上学习到的，必须亲身经历才能体会。一个明白"施比受更有福"的孩子，才能心存感恩，在人格发展的重要时间，确立自己的人生目标。

Box：

1. 音乐演奏的真谛，不是为了表现自我，而是借由优美的乐曲抚慰人心。

2. 美国常春藤名校之所以重视中学生的社区服务，就是希望孩子不只会读书，更懂得帮助他人，明白与人合作的重要性。一个明白"施比受更有福"的孩子，才能心存感恩，在人格发展的重要时间，确立自己的人生目标。

㉛

不爱就是爱

"爱孩子就要给他最好的"，这个广告词般的信念，不知道害了多少孩子。无须努力付出，就可以得到最好的，使孩子从小就失去梦想，不知道该追求些什么，再加上万能的父母总是可以提供最好的，使孩子心生依赖，缺乏动力。正所谓"爱之实害之"！现在的父母，最重要的便是学习如何"不爱"孩子，不要给他们提供完美的物质生活，留一些空间，让他们通过努力，来达到自我实现，这才是真正的爱孩子。

·给孩子钱，不如培养他们自己赚钱的能力

十多年前正值互联网迅速发展，谷歌、亚马逊、脸书等，这些坐拥全世界商业市场的跨国大公司，不但对我们的日常生活，带来了革命性的改变，日新月异的尖端科技，更快速地造就了无数科技网络新贵。因为我和先生都是主修计算机系，好朋友中也有几个幸运儿在新兴的计算机公司工作，利用自己的专业知识，在短短几年间，就从身无分文的穷留学生，摇身一变，成为有上千万资产的科技新贵。

不知道是因为他们赚钱太容易，还是因为自己小时候生活贫困，吃

了太多苦，他们对自己孩子物质生活的满足，真可说是有求必应。有一次，我们到一个因为公司分股票而发了大财的朋友家玩：他的百万豪宅，像五星级酒店气派的大厅；昂贵的红木家具，配上最现代化的影音设备，豪华奢侈，应有尽有。他们七岁的儿子，带着年龄相近的宇琪、宇阳去参观他的电动游戏室，我看到好几个并排的落地书架上，摆满了各式各样的电玩游戏。朋友的儿子，骄傲地向我们炫耀说："所有的市面上在卖的电动游戏，都在这里了。"当时，我吃惊地看着这七岁的小男孩，站在排满电玩游戏的豪华"书柜"前，心里忍不住想，这小小孩子的前途，就要断送在这个应有尽有的奢华电动游戏堆里了。七岁大的小男孩，每天坐家中梦幻的电动游戏室，夜以继日地玩着虚拟电玩游戏，年幼不懂事的他，分不清真实还是虚幻，很容易迷失在动漫影视中，更别想要谈什么努力学习、认真上进的教育了，真是名副其实的"爱之实害之"。

我出生在台北的中产阶级家庭，从小有着台湾传统"爱拼才会赢"的奋斗观念，对于教育孩子，更是坚持着这样的信念。即使在我们经济条件转好后，我仍是始终秉持着"给孩子钱，不如培养他们自己赚钱的能力"。在教育宇琪、宇阳的过程中，我和先生竭尽所能地培养他们在学业、音乐、体育等各方面的才能，闲暇时候，就会带他们外出旅行，增广见闻。以选择学校为例，因为我和先生都是靠自己努力读，考上家附近知名的公立高中，所以，在我们为自己的孩子选中学时，也没有想过将他们送去昂贵的私立学校就读，只是为他们选择了一所师资优良、设备齐全、校风端正、重视学科内容及课外活动的公立学校。现在国内物资丰富，许多家长在为孩子选择学校的时候，过分看重外在的物质条件，以学费的多少、校园富丽堂皇的设施，作为评量学校的指标，认为越贵的学校越高级越好，却忽略了审视对孩子日后申学最重要的教育体系及制度。欧美国家因为没有联合的大学入学考试，高中的教育体系非常自由，除了基础教育大致相同外，各州各省中央的各个公私立中学，都提供不同的进阶课程，家长必须和孩子讨论未来的学习目标后，才能选出真正适合自己孩子的中学。

·优等教育体系：AP 还是 IB？

因为加拿大是英体系下在美国州的新兴国，加拿大的高中盛行两套优等教育体系：一是从美国兴起的大学先修课程；另一个则是从英国发源的国际文凭制度。两个教育体系，各有所长，最大的不同点在于教学内容"广度"及"深度"的不同。大学先修课程提供三十多个以大学一年级内容为标准的高中课程，强调高中生应广泛地学习各科不同知识，为大学教育打好基础。而国际文凭制度则强调训练高中生自学能力，以有深度的学习研究及学习报告来帮助高中生学习更多专科的知识。虽说这两种教育体系各有所长，但我认为高中生的自学能力，还不够成熟，应该在大学先修课程中，有效率地吸收广泛的基础知识，等上了大学后，再加强对专科的研究。也正是这个原因，我们为宇琪、宇阳选择的中学，是加拿大西岸所有公立及私立学校中，提供最多大学先修课程 的大型综合型中学。

宇琪、宇阳就读的中学，不但提供许多的大学先修课程，且由于是加拿大西岸学生人数最多的大型综合型中学，校风十分多元化，学校的老师，都非常支持各式各样课程以外的学术竞赛及课外活动，从数学、科学及各种文学竞赛，到排球、篮球及曲棍球比赛，应有尽有，像是小型的大学，校园活动十分丰富多彩。

记得宇阳十一年级时，和几个成绩优异的同学，组成了一个科学竞赛队，代表学校参加全省高中科学知识竞赛。比赛当天，我作为义工妈妈，一直在竞赛会场，帮忙准备比赛事宜。那天正好也有一位来自温哥华著名私立高中的妈妈，也在会场帮忙，在空余时间，我们也随意地聊聊自己的孩子。那位义工妈妈告诉我，他们家只是一般中产阶级家庭，心想着给孩子提供最好的教育，所以才付昂贵的学费，将儿子送进有名的私立高中。没想到儿子在私校中首先学的，不是认真的求学态度，而是"追名牌，比家世"；偶尔参加校队外出比赛，在意的不是比赛的内容，而是可以"骄傲地"穿着与众不同的私校西装制服，在其他公立校的学生面前，显摆自己是来自"贵族学校"。我做义工妈妈，跟着校队参与了许多省决赛，最后竞赛中胜出的，大多数都是穿着普通便衣的公校学生，至于西装笔挺的"贵族私校队"，往往比赛前几轮就因为表现不佳，而败下阵来。

·为孩子选择中学，首重"校风"

其实为孩子提供好的教学环境，该送孩子去公立学校还是私立学校，不是重点，重点在于"校风"。一个读书风气浓厚，以证明自己能力为荣的高中，才是一个好的学校，才能培养出积极上进、乐观进取的有为青年。反之，如果我们做父母的，一味以追逐昂贵的私立高中作为提供孩子良好教育的准则，孩子有样学样，自然要以"追名牌，比家世"来求得自我满足了。

每个做父母的，都希望自己的孩子可以幸福快乐，得到所有他们想要的东西，但过度的物质，不但没有办法增加孩子的快乐，反而会增加他们的空虚感。大多数的华人父母，太爱自己的孩子，从衣食住行的日常生活，到升学、就业、结婚、生子，没有不管、不关心的。但是过多的关心，也是一种束缚，一种负担。很多时候，我们应该学习"不爱就是爱"的育儿观点，给孩子多一些自我成长的空间，让他们去寻找属于自己人生的梦想及方向，

美国总统罗斯福（Franklin D. Roosevelt）说："最大的快乐，是通过自我努力而达到目标的喜悦。（Happiness lies in the joy of achievement and the thrill of creative effort.）"做父母的我们，应该学习从旁帮助自己的孩子，建立良好的生活态度及读书习惯，让他们从小就明白：真正的快乐不是基于物质生活的享受，而是精神生活的满足。真正成功的人生，是基于自我努力的基础上，进而推己及人，帮助其他有需要帮助的人，一同迈向更幸福美好的未来。

Box：

1. 爱孩子就不要给他们提供完美的物质生活，留一些空间，让他们通过努力，来达到自我实现。

2. 北美盛行两套优等教育体系：一是从美国兴起的大学先修课程；另一个则是从英国发源的国际文凭制度。大学先修课程着重教学内容的"广度"，而国际文凭制度着重"深度"。

3. 为孩子选择中学，公校还是私校，不是重点，重点在于"校风"。一个读书风气浓厚，以证明自己能力为荣的高中，才是一个好的学校。

4. 真正的快乐不是物质生活的享受，而是精神生活的满足。真正成功的人生，是建立在自我努力的基础上。

聪明考不了高分

"他很聪明，只是不够努力；他都会做，只是不小心做错。"

听到父母讲这样的话，为自己子女的失败找借口做解释时，我忍不住想，所以这个孩子，已经养成这种"不努力，不小心"的坏习惯多久了。其实，当父母在替孩子做解释时，已经变相地同意及认可孩子这种"不努力"及"不小心"的意识形态及不当行为，久而久之，便成了习以为常的错误习惯。而对这种"不思努力"及"不够小心"的姑息及认可，正是孩子走向成功人生的最大阻力。我们普遍认为考高分的孩子都是天生会读书考试，却不明白在分秒必争的考场中，考前的充分准备，以及答题时的谨慎小心，更是决胜的关键。

·从爱玩的野丫头，变成爱读书的好学生

我曾就读的中学，初二时就将所有学生分成 A 段班及 B 段班。顾名思义，A 段班自然是由分班考试成绩优异的好学生所组成，班导师也都是不苟言笑、认真严厉的"凶"老师，在高中联招的激烈竞争压力下，

所有 A 段班的班导师，也在大小模拟考试中，激烈地比较自己的学生和其他 A 段班学生们考试的成绩。不只是只有学生以分数作为评量自己价值的标准，连老师们都以学生考试的成绩，来评量彼此的认真程度及教学质量。在这样"将分数当业绩"的考试文化下，"考高分"成了全体师生的共同奋斗目标。

小学时期的我，是个爱玩的野丫头，当时爸爸妈妈各忙各的，无暇盯着我读书做功课，我也总是找各种理由晚回家，与同学们到处玩、至于在校成绩，我真的没有半点印象，估计在班上垫底，我也毫不在意，所以根本记不住自己小学的分数。因为我在小学时期没养成良好的读书习惯，以至于后来中学时想要努力成为顶尖的学生，遇到许多挫折。但也令我从自己不甚平坦的求学过程中，吸取失败的经验，检讨改进，才能在多年后，以正确的方法来教育自己的孩子，重视小学阶段养成好的习惯。

上了初中，虽然父亲仍是很忙，但他意识到不能再这么放任我玩下去，就很严肃认真地和我谈话，告诉我中学成绩对未来前途的重要性，并且说以后放学后必须立刻回家，他要检查我所有的功课，及所有考试成绩。就这样，我基本上被"关"在家里读书了，虽然有些不甘心，但我还算是个"受教"的野丫头，反正被关在家里，哪也去不了，不如就读书写作业吧。

也是运气好，刚上中学，就碰上一个非常认真上进、爱比功课的同学，她每个学科除了做老师交代的作业外，还自己额外买三套参考书，在考试前全部做完。不知道我是由于竞争的压力，还是受到她刻苦读书的精神感召，觉得不写完三套参考书，心里总觉得不踏实。就这样，我突然从一个爱玩的野丫头，蜕变成一个成天抱着参考书、斤斤计较考试分数、爱读书的好学生。

到了初二，我成功地摆脱原本会被分到"放牛班"（B 段班）的命运，顺利地被分到"升学班"（A 段班）。"读书，考试，比分数"也成了我新建立的生活习惯，每天日出前已经到学校参加"晨考"，接着一整天的读书考试，直到天都黑了，才背着沉重的书包，拖着疲惫的步伐，慢慢走回家。

由于"北联招"是全台湾最优秀学生的考试战场，如果只是考学校教科书的内容，根本考不倒这群认真努力的杰出中学生。为了将学生的考试分数拉开，只好在考题上下功夫，力求以最艰涩的内容、最刁钻的题目，务必将考生以分数定高下，达成联合招生考试的目标。

·为什么考不了高分

蜕变成努力读书好学生之后的我，非常好强，对考试成绩，真是一丝不苟，时时刻刻以考满分为目标，以考第一为荣耀。但总是天不从人愿，不论我怎样努力，做完无数套参考书，仍考不到最高分，考不到全校第一。为什么怎么努力读，考试时总会被一两个"奇怪"的题目考倒？生性不服输的我，为了找出"考不到高分"的原因，便开始仔细地研究学习内容及考试题目之间的关系。我很惊讶地发现，原来我错的题目，常常是现阶段以简单概念教过，但却是将来要深入学习探讨的内容，只停留在现阶段教学内容的我，以为自己做了很多练习，已经都懂了，其实对内容的理解仍非常表面和肤浅，当然无法在考试时完美做答。

想要成为人人钦羡的"满分学霸"必须做到两件事：读得深，做得多。所有学科的知识内容都有连续性及相关性，中学教育从根本上来说，是为了学习大学教育所做的基础准备，一般来说，全是将内容深奥复杂的学科知识，以简化易懂的版本教给中学生。所有出题的老师都明白现在教的内容是为将来学习进一步相关知识所做的准备，对他们来说，考一些与现在所学内容相关的重要概念是非常必要的：一方面为学生提早准备将来必学的内容，另一方面，又可以很轻易地考出学生不同的理解程度，进而达到以分数反映学习成效的考试目的。对于出考题的人来说，真是一举两得的好办法。对于只学习现阶段知识的学生来说，因为不明白所学知识的真正用处，往往无法清晰正确地理解学习内容，更别说预测考题的内容及方向了，往往像我那时候一样，总是被老师们出的"先进"考题考倒了。有了这样的认识，之后我读书时，一定会对所学的主题及内容，做更进一步的研究及学习，大幅提升自己对现阶段学习内容的理解及熟悉度。这也正是著名欧美教育体系 IB Program（ The International Baccalaureate Program）特别强调自我学习研究报告的主要原因。在我仔细研究并积极改进自己的读书方式后，终于如愿以偿地考入全台湾学女学生梦想中的高中"北一女中"。

·什么是"学会了"

有人说"天才，绝不会是一个好老师"，因为天才没有经历过学习上的问题，所以他也不明白学生为什么学不会，我觉得这说得非常有道理。因为我自己初中时就为了做不了"满分学霸"而苦恼挣扎，当我成为妈妈教育宇琪宇阳时，就特别注重他们对所学内容的理解程度，不论学习哪一个学科主题，都会要求他们研究学习更多与现阶段内容相关的知识。久而久之，他们不但养成了勤奋好学的好习惯，更在不知不觉中，成了博学多闻的小学者，当同学们觉得考试题目艰涩难懂时，他们却可以轻松作答。"读得深"加深了对所学知识的理解度，才能融会贯通，彻底了解。

"做得多"是考高分另一个必要条件，很多时候所学的知识不能很清楚地在脑中成形，并不是因为我们"不懂"，而是因为我们"不熟"。脑细胞对所学知识的处理是以"点、线、面"的方式形成，必须多做练习，加强脑细胞对不同知识输入的联结互操作性，才能对所学的知识以清楚的"脑形象"表达出来，真正成为我们"学会了"的知识。

·重复练习，不一定等于重复"正确"的练习

对于许多勤奋努力的学生来说，课外的参考书一套接着一套做，期望着"练习题做得愈多，考试的分数愈高"，但往往不是得到这样正面的回报。宇琪、宇阳刚开始学小提琴时，我也是总逼着他们多练琴，希望练得愈多，进步愈快，直到他们的小提琴老师生气地对我大吼："不要再练错的了，再练下去，永远学不对了。"我才意识到"练得对，比练得多"更重要。读书，做练习题，更是这个道理。"练习"是为了巩固对所学知识的熟悉度，而不是用来安慰或欺骗自己："我做了这么多练习，一定会考很高分。"记得我初一的时候，为了和同学比认真，她做完三套参考书，我也要做完三套参考书。要知道，练习题千变万化，但却都是为了帮助我们理解重要概念及学习内容。重要的不是做完多少套参考书，而是在做练习题的同时，有没有注意加强正确的理解。我们希望通过反复练习，在脑中形成正确的知识网，而不是随意地重复做"错误"的练习，不但白费力气，将来还要花更多精力来更正错误。

许多聪明的孩子对简单的概念一学就会，但这也间接地养成他们不思原理、不求甚解的坏习惯。在宇琪、宇阳读书时，我很少以夸奖他们聪明当成鼓励他们多学些的手法。我太清楚"聪明考不了高分"的事实，

对所学知识有深入透彻的理解，才是最重要的。在宇琪、宇阳学习的过程中，我不但特别注重养成他们认真好学的习惯，更强调反复正确练习的重要性。从学会一个新的学科主题，到在这个主题内容的考试中拿高分，绝不是一蹴而就的，而是有许多重要的细节必须一一培养训练。正如同从学会游泳，到参加职业泳赛得金牌，这中间需要无数专业的训练一样。

"考高分"是一项技能，更是一种习惯。宇琪和宇阳不但从小就成绩优异，进了哈佛后更是"科科考高分"，不是因为他们聪明，而是因为他们能掌握正确的读书方法，深入研究所学习的内容，配上正确的反复练习，才能成为真正的"满分学霸"。

Box：

1. "不努力"及"不小心"的不良习惯，是孩子走向成功人生的最大阻力。

2. 想要成为人人钦美的"满分学霸"必须做到两件事：读得深，做得多。"读得深"才能加强对所学知识的理解度，融会贯通；"做得多"所学的知识才能清楚地在脑中成形，真正掌握。

3. "考高分"是一种可学习的技能，更是一种习惯。

33

捷径在哪里

加拿大温哥华环境优美，多次被评选为世界上最适合居住的城市，更吸引了来自全球各地的人移民定居在这自然美丽之地。其中，华人更是一拨拨拥入温哥华，从十多年前香港、台湾的移民潮，到这几年来自内地的新移民，唯一不变的，就是他们全为了让孩子能在这里接受最好的教育。

无数的全职妈妈，除了每天接送孩子上下课，还陪着孩子参加各种活动。偶尔与朋友闲聊，话题不外乎与孩子相关的课业考试及音乐比赛。每个妈妈都竭尽心力，希望为自己的孩子披荆斩棘、找到通往成功的康庄大道。温哥华的"拼妈时代"是所有华人家庭的真实写照，然而，捷径到底在哪里？

· 专心备赛的没得奖，跟着去玩的赢不停

都说"老大照书养，老二照猪养"，初为人母的我，对大女儿宇琪的教育可说是精心策划。宇琪三岁学游泳，四岁学钢琴，五岁学花样滑冰；乖巧懂事的她认真好学，不出几年，所学才艺都小有所成，是到了

更上一层楼的学习阶段了。多方打听下，我将宇琪送入游泳及花样滑冰的专业青少年训练队，也为她换了一个著名的钢琴老师，希望宇琪能在各项竞赛中，取得优异的成绩。

但天不从人愿，过不了多久，我就发现，在各类竞赛中优秀杰出、天赋异禀的孩子比比皆是。就拿游泳和花样滑冰来说，我觉得宇琪已经学得够快够好了，但经过几年苦练，连想进入省赛都不太可能，更别说赢得名次。

正好那时一同学习花样滑冰的小女孩因茵，参加全国钢琴大赛得了第二名，鼓励了我们，也想跟随她成功的足迹去试试。在之后的一两年，我将宇琪的学习重点放在钢琴上，每天在家里苦练钢琴。为了参加全国钢琴大赛，常常参加地方性的钢琴比赛，希望得到多一些的参赛经验。

当时我们也把宇阳一起送去比赛，但心中总是希望宇琪能获奖，至于弟弟，由于年纪还小，我们都抱着让他跟去一起玩玩、顺便见见世面的心理。没想到，专心练琴的宇琪，在钢琴比赛中并没有什么优异的成绩，反倒是跟着去玩的弟弟，总得到钢琴评审的赞赏，大奖小奖不停地拿。

宇琪在学钢琴的时候曾遇到无法突破的瓶颈，我们仔细研究之后决定让她改学小提琴。前期学钢琴打下的基础以及宇琪的付出的努力，使她很快在小提琴演奏方面取得相当好的成绩。而在当年的拼字大赛中，尽管宇琪付出了很多，最终还是输在运气面前。我不禁问自己，捷径究竟在哪里？

· 原来这就是成功

上了中学后，我除了鼓励宇琪用音乐专长在医院及养老院义务做音乐演奏会外，对其他竞赛类的活动，并没有特别重视，可能是担心宇琪再像钢琴比赛及拼字大赛那样，花费多年的功夫却始终无法如愿以偿。但宇琪有股天生不服输的劲，以一字之差，不能再参加英文拼字全国大赛后，宇琪反而更积极地在高中参加各种学校举办的竞赛，从数学竞赛到知识竞赛，宇琪都主动参加，努力准备的态度不减当年。

这使我想起有一年去参加宇琪学校的家长老师座谈会，我向老师提出我对宇琪参加英文拼字大赛的忧虑："这个比赛，实在运气的成分太大，不论会了多少英文单词，只要在比赛的台上说错一个字母，就会立刻被淘汰，这样会不会在孩子的心里留下阴影，认为再怎么努力，都没有用？"当时，有多年教学经验的加拿大小学老师毫不犹豫地告诉我："只要是发自孩子内心的意愿及努力，即使失败了，也会转变为再接再厉的动力。"多年后，从宇琪努力不懈的态度，真正印证了当年老师所说的话。

在准备英文拼字大赛的那几年，宇琪不但习得庞大的英文词汇，更在研习《牛津大词典》的同时，增加了许多平时不容易接触到的知识，再加上大量地背诵英文单词，锻炼出过人的专注力以及记忆力，不但使宇琪各个学科的成绩优异，更在十一年级时代表学校参加加拿大全国知识大赛，在多伦多得到全国第三名。

虽然宇琪在音乐比赛方面始终没有我们当年预期的优异表现，但她善用自己的音乐才能及组织能力，创立了青少年义工音乐演奏组织"We Youth Help"，带领几百个青少年音乐家以他们的音乐天分，回馈社会，受到温哥华各大医院及养老院的喜爱及感谢。而宇琪也在一场场的义工表演中日渐成熟，成长为一个有爱心、懂付出的好青年。

女儿的求学生涯，似乎没有儿子来得平坦顺畅，几乎都是付出的努力，多于得到的荣耀。但在一次次努力的过程中，宇琪具备了超越常人的决心及毅力。记得宇琪十五岁时，由游泳队转入水球队，虽然靠着多年游泳的基础，水球打得还不错，但与其他强壮的水球队员相比，还是差了点，每到重要比赛，总是充当候补球员。

那年一场关键的水球争霸赛，我方的两位主力水球队员，被裁判罚下场，宇琪只好上场打硬仗，由于双方势均力敌，一直分不出胜负，不停延长加赛，我方又因为主力球员犯规，被罚下场，根本无人可替换。

水球比赛攻防转换速度很快，瞬间完成，必须满场反复不停来回地游，还要应付对方球员在水底下的拳打脚踢，是个十分野蛮并且耗费体力的运动，像宇琪这样的二线球员，根本没办法在水中支撑那么久。但宇琪知道那场比赛的重要性，咬着牙在水中顽强地坚持，在最后一场的加赛中，我方终于成功地投篮进分，夺得了省冠军。宇琪也因为必胜的决心，以及坚强的意志力，为自己的体育履历写下了难忘的一页。

通往成功的道路，努力向上是唯一的捷径。凡走过的，必留下痕迹。只要孩子确立目标，坚持努力，或许成功没有按照预期的时间和形式到来，但只要坚定信念，努力不懈，"成功"就在前方等着你。

Box：

1. 只要是孩子发自内心的意愿及努力，即使失败了，也会转变为再接再厉的动力。

2. 通往成功的道路，努力向上是唯一的捷径。凡走过的，必留下痕迹。

真自信，假自信

近十几年来，中国的经济蓬勃、快速发展，使得这一代的中国独生子女，物质生活很富足，有爷爷奶奶、外公外婆以及爸爸妈妈的疼爱，真可说是要什么有什么。从一出生，他们不仅有丰富的物质享受，还有全家长辈无微不至的照顾及关爱，不论说什么、做什么、得到的，都是爷爷奶奶、爸爸妈妈殷切的夸奖：真会说话，真会唱歌，真会读书，真会画画，真会踢球，真漂亮，真可爱，真聪明……真是个天才啊！小小的孩子，在数不尽的夸奖声中，不费一点功夫，就对自己充满信心，真心地认为自己是全世界最棒的孩子，无所不会，无所不能。但"真的"是这样吗？孩子什么都还不会，随意做些完全没有任何难度的事，就在家中得到所有人的赞赏及夸奖，不费吹灰之力，就对自己充满信心，这是"真自信"吗？或许根本就是什么都不会、不堪一击的"假自信"？一旦孩子从小在家中形成"假自信"，在步入学校、进入社会、被现实生活的考验击败后，孩子小小的心灵，能再重新建立真正的自信吗？

·别让"假自信"阻碍孩子建立"真自信"

"自信是建立在能力上。(Confidence comes after ability.)"对学龄前的幼童来说，"家"就是他们全部的世界，而家人们所说的话，就是他们认识这个世界的唯一渠道，身为家人的我们，不仅要通过各种各样的夸赞，来表达我们对孩子的宠爱，更要适时地让天真不懂世事的孩子明白："成功，是要靠努力付出才能得到。"只有脚踏实地地认真学习，才能一步一脚印地累积自己各方面的能力。对比自己厉害的朋友，要见贤思齐，对比自己稍差一些的朋友，要互相鼓励，共同进步。从小对自己及他人有正确的认识："或许，我不是最棒、最聪明、最优秀的孩子，但只要我努力，就会成为一个很有能力，并且受人尊敬的人。"只有建筑在现实基础上的自信，才是经得起考验的"真自信"。

许多国内来的朋友，对孩子疼爱有加，常常对自己的孩子说："你真聪明，什么都棒。"以为这样可以提早建立孩子对自己的信心，却没想到，这样的教育，正是在孩子的自信心中，埋下了定时炸弹。想想，一向以为自己最聪明、最厉害的孩子，在学校里，发现别的孩子英文单词背得比自己快，数学习题答对的比自己多，难道不会怀疑父母的夸奖及自己的能力？如果此时，父母及亲人还不及时给予适当的"现实"教育，反而持续溺爱，胡乱夸赞，久而久之，孩子就会莫名自大，凡事不愿意花苦功，但却理所当然地希望成为最好的并得到所有人的赞赏。这样的心态，在中国高中生中表现得最为明显。几乎所有的中国学生，一被问到想上什么大学，每个孩子都会说："当然是哈佛、耶鲁、清华、北大。"但要再接着问："那你打算花多少功夫来完成这个梦想？"就没几个孩子真正思考过这个问题。如果到了中学时期，孩子仍不明白"一分耕耘，一分收获"的道理，而父母却因为迫在眉睫，自己立志让孩子上最好的大学，开始逼迫孩子花苦工读书，轻则提早令孩子进入青春叛逆期，重则彻底打击了孩子的"假自信"，使孩子深切体会到，原来自己真正的能力与父母的期望相差太远，在这样的冲突矛盾及强大的心理压力下，绝大部分的孩子会选择逃避。想想，小时候充满"假自信"，养成了好逸恶劳、随性而为的坏习惯；到了中学，面对巨大的升学压力，才突然明白自己不论努力或能力都比不过别人，那时才是完全没有了自信，除了逃避现实，叛逆地与父母针锋相对外，似乎也没有别的选择了。

·爱学的孩子，会愈来愈自信

宇琪从小就内向，不太说话，和朋友们的孩子一起玩耍时，总显得特别木讷，与同龄的孩子相比，别人的孩子，似乎活泼自信得多。先生总是很担心，觉得宇琪太内向，缺乏自信。当时我就告诉先生，小孩子，没有什么自信或不自信，愈调皮任性的孩子，感觉上好像是有自信，其实不然，充其量，只不过是天生活泼又缺乏管教，自信与否，还得再过几年才知道。

在教导孩子的过程中，我几乎没有夸奖过他们聪明。从教育的观点来说，聪明不聪明并不重要，重要的是，如何成功有效率地挖掘出孩子的潜能，以循序渐进的教材，加上脚踏实地的学习态度，在不知不觉、日积月累中，孩子会变得愈来愈聪明，随着自己各方面能力的增长，对自己更是愈来愈有信心。

天生内向的宇琪，从小做什么事都谨慎踏实，不论是学习英文、数学，还是体育或音乐，总是战战兢兢地按照老师说的做，好像总怕自己做得不够好。我和先生总是鼓励宇琪参与校内外各种活动，成果不是重点，全力参与的学习过程，才是最重要的。不出几年，宇琪在各方面都练就了高人一等的才能；宇琪虽小，却也明白自己样样都比其他活泼好动却不认真学习的同学们强多了。渐渐地，宇琪愈来愈有信心地说出自己的意见与看法。宇琪认真谨慎的做事态度，赢得了每一位老师的赞赏与同学的敬佩。宇琪自己说，从幼儿园、小学、中学到哈佛大学，她对自己愈来愈有信心，不光是学习上的能力不断进步，与人沟通的社交能力更是有惊人的改变。

· 小时候内向害羞，长大后自信阳光

宇琪十一岁时，就是温哥华青年交响乐团（Vancouver Youth Symphony Orchestra）的首席小提琴，她善用自己的音乐专长，创办青少年音乐表演义工组织"We Youth Help"，与许多热爱音乐的朋友们，一起在温哥华各大医院及养老院，举办音乐会，不但深获患者及老人们的喜爱，就连省长都亲自写信嘉奖，赞许并鼓励中学生这种积极运用所学回报社会的优良典范。

在中学里，宇琪不单课业成绩优异，更积极参与并举办校内外各项活动。记得她十二年级时，举办了一项大型的露营活动，出于安全的考虑，必须向教育当局提出详细的活动计划，除了校长的同意书，还要数位老师同行，由于程序复杂，基本上很难被批准。因为宇琪在学校是大家公认最会办事及最负责任的优秀学生，审查的过程，出乎意料地顺利，好几个老师，争相同行。有的老师还带着自己的小孩一起去玩，大家都说宇琪主办的活动，一定计划周到，不参加就失去了大型露营同乐的机会。

上了哈佛后，宇琪似乎更如鱼得水，不仅各科全得"A"，大一时，就已经是好几个哈佛社团的主管，更和同学一起创立了生化研究资讯公司，得到哈佛的赞助。看到现在能言善道、神采飞扬的宇琪，没有人会想到她原是个生性内向、表情木讷的小女孩。"自信建立在能力之上"，在宇琪身上得到最好的印证。

"真自信"是发自内心对自己能力的信心，会使人积极上进、勇往直前，为了完成自己的目标及梦想而奋斗努力。具有真自信的人，不怕困难，不怕失败，能充满智慧地从失败中，记取教训，学习经验，调整脚步，再接再厉，重新出发。没有能力为后盾的"假自信"，不但过不了现实的考验，而且在孩子心中埋下了长期的定时炸弹。身为父母的我们，一定要从小注意，以现实生活为基础，为孩子们建立"真自信"。

Box：

1. 成功，是要靠努力付出，才能得到。只有脚踏实地地认真学习，才能一步一脚印地累积自己各方面的能力。对比自己厉害的朋友，要见贤思齐，对比自己稍差一些的朋友，要互相鼓励，共同进步。

2. 过多不实的夸奖，只能建立孩子的"假自信"，经不起现实的考验。

3. 帮助孩子增加各方面的能力，才能建立他们真正的自信心；"真自信"是发自内心对自己能力的肯定，真正的自信建立在能力的基础之上。

㉟

中西不同的毕业

照相馆外停满了各式各样的家用轿车，宇阳十二年级刚开学不久，就说定好了时间要照毕业照，我便依照约定好的时间，开车带宇阳去照相馆拍毕业照。因为车子太多，找不到停车位，只好一趟又一趟的开车在周围转，希望找到一个离照相馆近一点的停车位，却无意中发现，附近停的车里全坐着华人家长，安静而又无奈地在车中等待在照相馆中拍照的子女。

我正在纳闷他们为什么全坐在车上，而不进去照相馆中等，正巧看到了宇琪同学的妈妈，也坐在停好了的车中，便隔着车窗问："为什么不进去等呢？"那个妈妈说："我儿子说家长不能进去。"我虽然对这个回答心存疑问，但看到这么多坐在车上耐心等待的华人父母，就让宇阳在照相馆门口下车，而我自己则在较远处找了个停车位。

·苦苦守着孩子的华人父母

因为是约好的照相时间，我想，照个照片也等不了多久，就想着也坐在车上等宇阳。没想到这一等，就是三个多小时。

　　还不见宇阳出来，温哥华九月的傍晚，常常温度会降到十度左右，长时间坐在车上还满冷的，真是愈等愈气，也顾不得其他家长说的"父母不能进照相馆"，我气呼呼地走进去询问柜台小姐："我儿子约的是五点拍照，现在已经八点了，还没照完，你们还不让家长进来等，知道有多少家长坐在冷冷的车中，已经等了好几个小时了吗？"只见那长得标致可爱的西人柜台小姐，一脸迷惑地解释说："因为是拍艺术毕业照，有个人独照、班级合照、社团趣味照，以及家庭艺术照，所以时间比较长，但是我们非常欢迎家长进来一同参与，帮自己的孩子打扮打扮，多照一些值得留存的好照片。"

　　我听她这么说，一时之间真不知该如何回答，转头看看，果然有几个外国家长高高兴兴和自己的孩子拍毕业兼全家福艺术照。反观另一边，一大群华人子弟聚在一起，有说有笑的，像是开毕业同学会，完全不顾自己的父母在外面已经等了好几个小时。我这下才恍然大悟，原来是华人子弟不想让自己的父母进照相馆，而不是照相馆不让进。由于每个孩子说的都一样，所有的华人家长才会乖乖等在外面。而这些移民第二代的孩子们，则硬是将西方传统高中毕业时的温馨家庭活动，变成了谢绝父母参加的毕业拍照同乐会。

　　许多华裔父母在异国辛苦奋斗，为的就是给下一代提供更好的生活条件，希望自己的子女能够在北美接受好的教育，成为人人尊敬的杰出华裔子弟。但可怜天下父母心，大多数的孩子不但没有学到西方好的价值观，反而"取短补长"，将中西方有利于子女的观念"有效"地结合，糊弄父母，来实现自己偷懒贪玩的最大利益。

　　西方的家庭，并不全都希望孩子念大学。对他们来说，孩子高中毕业就是长大成人了，所以高中毕业是孩子的人生大事，西方的父母都会很慎重地为孩子庆祝，除了全家一起陪孩子照毕业艺术照外，还会替孩子准备昂贵的礼服，租豪华加长型轿车，送孩子去五星级大饭店，参加高中毕业舞会。其意义在于，这是他们为即将成年的子女所做的最后一件大事。之后孩子就要搬去外面住，一切靠自己，就连上大学的学费都要自己申请学生贷款，而不再是父母的责任。

反之，绝大多数的华人父母，都将自己的孩子抚养到大学毕业，才算成人。高中毕业对华人家庭而言，是决定孩子入读哪一所大学的紧张时刻，哪有时间和心情大肆庆祝高中毕业。记得我从北一女中毕业时，大家紧张地准备大学入学联合招生考试，连睡觉的时间都不够了，哪有时间照艺术照、参加毕业舞会？大多数北美出生的华裔孩子，倒是有效地结合中西高中毕业对他们有利的观点，一边心安理得地"高调"毕业，以体现自己的长大成人，一边理直气壮地做"未成年"的大学生，吃父母的、喝父母的，毫不愧疚地继续向父母伸手要学费。

·书是为自己读，大学是为自己上

自从我移民加拿大，算算已有二十多年，在温哥华看到无数华裔青年，凭着坚忍的决心，努力奋斗，希望早日在异国他乡闯出自己的一片天。其中所有杰出成功的华裔人士，必定具备同样的特质，那就是中西合璧、取长补短、身体力行，发扬中西方文化的优点。我们在这个新时代为人父母，若是想教育出优秀的子女，首先必须重视的，就是如何吸收西方文化的特长，创造改进我们本身的教育观点，才能将子女导向正确的成长之路。

西方教育最值得我们敬佩和学习的地方，就是强调"自我激励"（self-motivation）的重要性。"上大学"不是最重要的，"想上大学"才是；不是父母想让孩子上大学，而是孩子发自内心地想要上大学。

　　近几年来，温哥华的移民潮，在教育方面最大的变化，就是从早期崇尚入读家附近的加拿大著名大学，演变成疯狂崇美"爬藤潮"。所谓的"五大藤"，指的是哈佛、耶鲁、普林斯顿三个大藤，再加上麻省理工及斯坦福；其余的"小藤"，泛指哥伦比亚、宾大、康奈尔、达特茅斯，再加上伯克利、加州理工等新兴知名学府。现在温哥华的华裔父母，如果不说自己的孩子将来想去美国念大学，似乎意味着自己的孩子不够优秀上进，而他们在加拿大出生的子女，更是彷徨在学校白人老师说"不是每个人都要念大学"以及家中父母说"一定要去美国念名校"的冲突矛盾中。

　　由于我是在高中毕业就移民加拿大来到温哥华念大学，比许多其他在亚洲完成大学教育后才出国的家长，接受西方教育制度的熏陶更多更深，我深切地体会到，教育成功的关键不在书本上的内容，而在于正确的心态：只有真心想求学的孩子，才能学有所成。

　　在宇琪、宇阳中学时期，我虽然很注意他们对课业的内容有没有真正了解，但我更重视的是他们对自己前途的认知。我总是强调，父母对子女的责任只到高中毕业，之后就长大成人了，要为自己的人生负责。

　　我告诉他们，可以像大多数西方孩子选择去餐厅打工，但可能等到了三十多岁，自己会因为没有大学学位找不到更好的工作而后悔；但那也是他们自己的决定，要自己承担。又或者，他们想去美国念世界顶尖的大学、结识最优秀的人才、进入杰出的社交圈，为自己的未来铺设平坦大道……不论哪一种，都是自己的选择。宇琪、宇阳刚开始听我这样说时，有些似懂非懂，但是因为这是我发自内心的教育观点，而不是像其他多数的华人家长，因为埋怨自己孩子不听话，而胡乱骂孩子的气话，在日积月累的家庭教育中，宇琪、宇阳真正体会到"书是为自己读、大学是为自己上"，他们更真心地感受到父母无私的奉献，帮助他们实践入读哈佛的梦想，是件多么值得珍惜感恩的事。

　　哈佛大学中也有不少学生，是在虎爸虎妈高压管制下而入学的，不幸的是，这类学生这辈子最高的成就，可能就是哈佛的入学通知书了。他们在哈佛校园中感受到的不是激励人心的正能量，而是来自正规课程及课外活动的巨大压力。

　　宇阳一个华裔的哈佛同学，在高中时期成绩非常优秀，他从来没有想过自己为什么要读大学，只是按照父母期望，在别人羡慕的眼光中走进哈佛。但是完成了考上大学的梦想，也就意味着失去了努力的目标，可惜这样一个优秀的青年，不但不能善用哈佛提供的种种宝贵资源，反而在全世界最著名的学府中找不到前进的方向，迷失了自我。

　　我很庆幸能够成功结合中西方教育的优点，将宇琪、宇阳教养成具有独立思考判断能力的有志青年，对自己的未来有积极明确的目标，对自己参与的活动有发自内心的热爱，再加上华人刻苦耐劳、虚怀若谷、精益求精的传统美德，才能在人才济济的哈佛校园出类拔萃，开创属于自己的一片天地。

Box：

　　1. 西方教育最值得我们敬佩和学习的地方，就是强调"自我激励"（self-motivation）的重要性。"上大学"不是最重要的，"想上大学"才是。

　　2. 不是父母想让孩子上大学，而要孩子发自内心地自己想要上大学；只有真心想求学的孩子，才能学有所成。

第四部

大学激励教育

NO.4

㊱

什么样的人才能进哈佛

全校第一的资优生、SAT 考满分、美国 AP 课程全拿满分、奥林匹克数学竞赛冠军……这些条件，都是大家心目中的哈佛学生必备的。正如大家所想，哈佛高才生几乎全是从小习惯"赢"的人生胜利组，但是当这些总是赢的资优生群聚哈佛，无可避免地，有八成以上的学生要在哈佛校园中面对他们人生的第一次"输"。禁不起输的哈佛人，无法及时调整自己的心态运用自己的天赋，创造未来。

正因为这个原因，哈佛大学在选拔杰出学子时，看重的不是"赢"，而是"输"，也就是遇到困难时如何自我调整。从失败中学习成长，在逆境中转"输"为"赢"，这才是哈佛大学真正看重的特质。

·把可怕的化学实验室，变成最钟爱的学习室

在美国大学入学申请论文中，所有指定的写作题目，都重视失败及挫折对人生的影响，美国大学希望借由这样的写作提材，来了解考生真实的人格及想法。有些不明就里的中国学生及家长，总以为哈佛大学最看重的是"次次考满分，处处得第一"的学霸，所以一定要在论文中列

举自己的惊人成就，想着这样才能受到阅卷者的青睐，从千万考生中脱颖而出。殊不知，当你在论文中强调自己的辉煌成就时，也间接地在告诉考官，自己是个"只知道赢，不知道输"的傲慢学生。不论你在课业上有多么优秀，这样肤浅自夸的论文，已经足以让哈佛考官毫不考虑地将你拒之门外。

宇阳从小就不喜欢写作，在单纯的中产阶级家庭中长大，想法也很单纯，在准备申请哈佛大学的入学论文时，我们都很担心他写不出有深度的好文章。没想到连续三年参加奥林匹克化学竞赛，不但使宇阳学会了许多化学方面的知识，更让他从一个懵懂无知又贪玩的小男孩，变成一个有理想、有目标，懂得如何克服困难、接受挑战的有志青年。

宇阳在他的文章中，深刻描述他第一年参加奥林匹克化学竞赛的经验。初入化学实验室时，他第一次惶恐地感到自己的无知及不足，看着周围参赛的对手们，个个胸有成竹在限定时间内完成所要求的化学实验，而他却只知道化学理论，到了化学实验室，就完全傻眼，像个傻瓜一样，不知该从何下手。看着实验桌上的瓶瓶罐罐，自己心中生出无限的不安及恐惧。

第一年的落败，不但没有打击他的信心，反倒激发了宇阳的斗志及上进心。加拿大的教育体系与亚洲有着极大的不同，不但没有中学老师会专门训练参赛的学生，大温哥华地区的公立中学就连合格的化学实验设备都没有。当时只有十五岁的宇阳，为了增加自己动手做实验的能力，自动自发地联络家附近的西门菲沙大学，在设备齐全的大学化学实验室中，自己学习练习了一整年的化学实验技巧，终于在第二年进入了加拿大奥林匹克化学竞赛国家队，并代表加拿大在亚洲赢得国际奥林匹克化学竞赛铜牌。

出乎我们意料，宇阳的文章写得异常动人，他曲折有致地描述自己如何克服困难，通过努力自学，终于使得原本在他心中可怕的化学实验竞赛室，变成他最熟悉钟爱的学习工作室。连我这个妈妈看了他的文章都深受感动，哈佛的阅卷官当然也可以深刻体会到宇阳如何通过自我学习改进，以过人的决心及毅力变"输"为"赢"。

·没有浮华的修饰，只有真实的事迹

"哈佛面试"是另一个决定能否顺利走入哈佛的重要关卡。

记得数年前，还是高中三年级的宇琪收到哈佛面试通知时，我们全家都既兴奋又紧张，四处打听哈佛面试官有可能问的问题，怕宇琪准备不够周全，被哈佛考官用艰难的面试题给考倒了。

到了面试当天，一向谨慎的我，已经提前两个小时出门，想着提早把宇琪送到面试会场，好让她有充分的时间定心安神，希望以最佳的状态应试。没想到才出家门没多久，就碰上数年不见的高速公路大塞车，平时五分钟可以开车到的距离，竟然花了我们一个多小时。看着前面大排长龙、拥挤不动的车队，是绝不可能准时将宇琪送到面试会场了。"怎么办？怎么办？"向来准时的我，想到竟然不能准时将女儿送到哈佛面试会场，吓出一身冷汗，不知该如何是好。

"没关系，妈妈，我就在这儿下车，跑去搭高架列车，我查过面试会场地址，离地铁站很近，我一定可以准时到达面试会场，你自己小心开车，别担心我了。"宇琪一边安慰我，一边镇定地下车，往车站跑了过去。

那天宇琪不但没有迟到，还与她的哈佛面试官相谈甚欢。面试的过程，完全没有外界想象得严肃紧张，更没有刁难的问题，哈佛面试官只

是很亲切地想要了解宇琪除了课业以外的活动及兴趣，宇琪兴致勃勃地向哈佛面试官述说她创立的"We Youth Help"青少年义工音乐表演团体，哈佛面试官不但听得津津有味，还说要送自己小孩来参加义工表演。

除了音乐义工表演，宇琪还与哈佛面试官聊了许多她当滑雪教练教小朋友滑雪的趣事，正巧面试官也很喜欢滑雪，他们聊了许多相关的专业问题。哈佛面试官很满意宇琪在学习之余，还对自己参与的多项课外活动，有着无与伦比的热情。

其实，哈佛面试的重点是要确认考生有没有正面积极的人生态度，对自己所参与的活动是不是富有热情，并且真心喜爱。有些孩子在哈佛面试时，强调自己有多崇拜哈佛，以"进哈佛"为人生最大目标，却没有想到，有这样想法及态度的考生，正是哈佛面试官首先要淘汰的人。试想，如果"进哈佛"是这个考生最大的人生目标，那么他进了哈佛后，就等于失去了努力的方向，这样的高中生，怎么能成为有理想、有热情的杰出青年？

· 重要的推荐信

另一个走入哈佛的重要关键就是"推荐信"。一封好的推荐信，不需要由有名的大人物所写。不少华裔家长总想靠关系、走后门，请省长以上的大人物来为自己的孩子写推荐信，其实不但没有用，弄不好反而容易产生反效果。"推荐信"是在"入学论文"及"哈佛面试"以外，另一个使哈佛考官能够了解考生真实性恪的有利媒介。哈佛希望听到一个熟识考生多年的老师、教练或社会工作人员，来谈谈这个考生的真实生活，而不是从未谋面的某位大人物的推荐。

好的推荐信，必须与考生所参与的各种活动相呼应。譬如宇琪的校外推荐信，是由温哥华青年交响乐团少年部乐团指挥的老师马格利沙所写。宇琪在十岁左右进到了马格利沙的温哥华青年交响乐团少年部，虽然后来宇琪晋升到青年部继续演奏，但她仍然定期在少年乐团帮忙指导小小团员，并且鼓励他们参加她的义工组织在各大医院、养老院举办的义工音乐会表演。马格利沙看着宇琪在乐团中一天天成长，并且利用自己的音乐才能帮助乐团的学弟学妹，积极鼓励他们利用所学，回馈社会。马格利沙老师衷心佩服宇琪多年来在社区服务中带来的正面影响，她为宇琪写的哈佛推荐信中，没有浮华的修饰，只有真实的事迹，以及她对宇琪发自内心的赞许。

·昔日我以哈佛为荣，今日哈佛以我为荣

在华人父母圈中，时常听到成绩特优的超级学霸考不进哈佛，反而一些成绩尚好、积极参与各种活动的学生，意外考进了哈佛。原因就在于，比起优秀的课业成绩，哈佛更在意的是健全的人格发展。每年哈佛的新生，过了多彩多姿的入学蜜月期后，有八成的超优秀学生，就要开始面对他人生第一次的失败——不只是无法再考全班第一名，就连学科以外的校园社团活动，也都具有高度竞争性。想想，一个习惯"赢"的高中生，在进了哈佛后，连自认为最拿手的社团活动都不如别人，心中所受到的打击不是言语可以形容的。

宇琪哈佛大学二年级时，有次和我聊天，谈到哈佛为什么特别强调要"全面性优秀的学生（all round student）"，她说："人的自信，建立在能力之上。对于一个只在单方面表现优秀的人，进了哈佛，看到在同一领域还有那么多比他更优秀的人，会突然发现，原来自己根本没有想象

中的那么出色，很容易因此而受到打击，失去了原本的自信。而全面性优秀的学生，因为是多方面的成就建立起自我肯定的价值观，即使在哈佛看到了比他在某方面更优秀的同学，不但不会被打击信心，反而会激发出上进心，并善用自己的才能做出贡献，成为真正受人尊敬的哈佛人。"

第一位华裔航天员王赣骏，在回到他的母校台北师大附中演讲时曾说："昔日我以附中为荣，今日附中以我为荣。"全世界优秀的人才太多了，到底谁能进哈佛？只有那些对生活有热情，懂得善用自己的才华造福社会，具有领袖才能的有志青年，才能受到青睐，而不会是那些以进入哈佛为人生目标的人。哈佛大学期望它所精心挑选的学子，有一天会回到母校自豪地说："昔日我以哈佛为荣，今日哈佛以我为荣。"

Box：

1. 哈佛大学在选拔杰出学子时，看重的不是"赢"，而是"输"，也就是遇到困难时如何自我调整，从失败中学习成长。在逆境中变"输"为"赢"，这才是哈佛大学真正看重的特质。

2. 富有独特见解的论文、准备充分的面试和内容真实深刻的推荐信，是申请名校必备的三把钥匙。

37

哈佛是成功最好的起点

　　"太了不起了，儿子女儿全考进哈佛，真是华人的骄傲。"自从成为哈佛家庭后，钦佩羡慕的眼光总是围绕着我们，仿佛我们已经站在成功的巅峰。中国自古以科举考试选拔人才，只要高中状元，即使贫贱布衣，也可以飞黄腾达，所以中国人数千年来以"金榜题名"为人生最大的目标及成就。到了近代，虽然社会环境趋向多元，不再像以前那样"一考定终身"，但中国人根深蒂固的"万般皆下品，唯有读书高"观念，使得"考入哈佛"变为成功人生最形象化的代名词，仿佛只要考进哈佛，就是到了成功的顶点。但是，作为一个人人羡慕的哈佛妈妈，我最常用来教育子女的话却是："哈佛不是成功的顶点，而是成功最好的起点。"

·"哈佛食堂"传成了"哈佛图书馆"

　　哈佛大学自一六三六年成立，数百年来，造就了无数的伟人，使得哈佛大学成为世界上最负胜名的第一学府，国内外各界对哈佛的一举一动都高度关注。前阵子互联网上疯传一张哈佛图书馆的照片，说是凌晨三点时，哈佛学生还灯火通明也熬夜苦读。我一看哪是什么哈佛图书馆的照片，根本就是大一新生的安临伯格新生食堂！大一上千名的新生，每天聚集在拥有百年历史、装饰庄严华丽的安临伯格新生食堂用餐，自然是灯火通明，热闹非凡，不知怎么网上将"哈佛食堂"传成了"哈佛图书馆"。由此可见，外界对哈佛大学的崇拜，绝非其他的著名学府可以与之相比的。

哈佛大学网罗了全世界最著名的教授，配上最现代化的教学设备，在这里念大学，无疑可以学到最尖端的知识，但是这却不是哈佛大学主要的魅力所在，更不是它在各行各业造就无数杰出校友的主因。哈佛的教育理念着重在"创新"及"活用"，它不只为学生提供著名的教授及现代化的设备，更提供了其他任何大学都没有的超级校友网（alumni network）。从美国总统到商业巨子，哈佛的杰出校友主导并且带领各个领域的创新及发展，而这些杰出校友，经常回到哈佛来与学弟学妹近距离地分享他们成功的经验。全世界再没有另一个学府，可以轻轻松松地邀请历届总统、商业巨子及知名学者来校园中，与学生面对面地交流，传授他们宝贵的知识及经验。

·只要肯去做，什么梦想都能实现

对于哈佛大一的新生来说，入读哈佛给他们最深刻的第一印象，便是搬入宿舍的第一天（moving-in day），在他们宿舍中挂着曾经住在同一个房间杰出哈佛校友的名单。看着这名单，想象着美国总统奥巴马（Barack Obama），或网络新贵马克·扎克伯格（Mark Zuckerberg）也曾经住在这个房间，和自己睡着同一张床，用着同一张书桌……从一个普通的哈佛新鲜人，成为世界知名的伟大人物，这样的想法，对年仅十八岁的高中毕业生是最真实的精神激励。作为一个哈佛人，只要肯去做，什么梦想都能实现。

宇阳因为跳了一级，所以入读哈佛时才刚满十七岁，虽然在学术、音乐、体育各方面有许多令人称羡的优越表现，但在心态上仍像个小男孩，不是很清楚自己将来想做什么，也不是很积极地会用自己的天赋与才能。由于在家附近的中学，从八年级到十二年级，他五年都没有换过就读的学校，有一帮一起长大的好同学，天天在一起读书，一起玩乐。高中毕业后，突然要离开许多熟悉的朋友，宇阳显然也有无限的不舍。面对宇阳这种种不确定的态度，令我这个妈妈十分担心，不知道心智尚未成熟的小儿子，离家在哈佛住校读书能够适应吗？

九月哈佛开学前，我们全家一起飞到了波士顿，租了一辆车，开始为宇阳采购搬入宿舍的必备用品，从文具、被单到洗漱用品，先生和我一样一样地精心挑选，生怕买了不合适的，或是忘记准备什么必要的用品。就这样忙碌折腾了好几天，总算是买得差不多了。很快，到了我们该飞回温哥华把宇阳留在哈佛读书的日子，虽然所有的用品都为他准备好了，但看着心性尚未完全成熟又比同学小一岁的宇阳，我真无法放心地把他留在波士顿。好在哈佛大学也明白家长们关心孩子的心情，在开学不久后的十月，就举办一个哈佛新生家长周末（Harvard Freshman Parent Weekend），邀请所有新生家长（freshman parents）来哈佛校园，亲身参与孩子们的各项课程及活动。想到再过一个多月就可以再见到小儿子，心中稍稍有些安慰，就收起依依不舍的心情，和先生飞回加拿大温哥华了。

儿子在哈佛的前几个星期，每天忙得没有时间和我们通电话，也不知道是"真忙"还是"假忙"，是开心的忙还是不开心的忙。听许多将孩子送到美国住宿读书的人说，男孩子一离开家，没有父母在身边管着，就天天窝在房里打计算机游戏；远方的父母不知就里，还以为孩子天天在认真读书，所以才没有空跟父母打电话。以前宇阳在家时，总是将该做的事情都做好了，才开始上网和同学们玩计算机游戏，现在住在学校，没有我们盯着，不知道是不是像别的男孩那样，像放出笼的小鸟，不知节制地大玩特玩？担心焦虑的日子总是过得很慢，好不容易熬到了哈佛新生家长周末，终于可以亲自去看看宇阳在哈佛到底在忙些什么。

·哈佛充满激励人心的正能量

哈佛的学生，都是在各个领域的精英，他们不仅拥有过人的才能，更对自己获奖的专项有着极大的热情。宇阳一见到我，就兴高采烈地一一向我介绍他新结交的杰出哈佛同学。在哈佛校园，每个学生都散发着勇往直前的正能量，置身其中的宇阳，很快就被这样的气氛所鼓励，积极地在这多姿多彩的哈佛校园中寻找自己的理想及目标。从儿子的眼神中，我看到了从未见过的光彩。他像是只一向慵懒的老虎，终于发现了自己的兴趣和潜能所在。

有国际奥林匹克化学竞赛银牌及加拿大全国生物大赛优胜者的履历，宇阳很快地就在哈佛大学的生化科目中成为顶尖学生。宇阳善于用他在有机化学（Organic Chemistry）及生命科学（Life Science）的丰富学识，帮助班上其他同学，使得许多哈佛教授及学生对宇阳充满着喜爱及敬佩。记得在哈佛新生家长周末时，我和宇阳走在哈佛校园，正巧碰到宇阳生命科学班上的同学玛丽，她一听到我是宇阳的妈妈，立刻拉着我的手说："你知道吗？宇阳是我们班上的明星，他不只功课好，人缘更好。生命科学是所有从事医学或生化工程方面学生的必修课程，是有几百名学生的大型课程，能够在这样的重点大课中拿个中等成绩，已是不容易，更别说名列前茅再教别的同学了。"听到宇阳在哈佛的同学对他喜爱和敬佩，做妈妈的我，才真正放下心来。以前充满稚气爱玩的小儿子，终于在哈佛校园成长成熟，并且在大一时，以他的专业知识与同学共同创立科技医疗公司，用最新虚拟现实的计算机技术来治疗有关眼睛的疾病。

哈佛最著名的专业学院，以哈佛医学院、哈佛法学院及哈佛商学院为代表，而哈佛的本科大学生，也以这三大方向为主要的就业方向。哈佛大学不只有世界最顶尖的专家来教授课程，更重要的是，通过各种课外活动的社团，以哈佛傲人的名声集中各行各业的领袖人物，群集校园。在这里，对政治有热情的学子，可以由总统学长比尔·克林顿亲自指导；想从事法律方面的学生，可以通过哈佛的超级人脉网，跻身世界知名的律师楼，以最受瞩目的法律案件，来做实战学习。以脸书创办人马克·扎克伯格为榜样的年轻创业家，在哈佛可以见到全美最有影响力的风险投资投资人，借由他们宝贵的创业指导及支援，使得热衷创业的哈佛学生，得以一展长才，从无到有，以惊人的速度创造出举世闻名的新科技公司。

哈佛大学在招收学生时，最看重的不是 SAT 能否考满分，而是：

（1）是否在课业及课外活动，全面性地挑战并激发自己的潜能？
（Are you willing to challenge yourself in the hardest way？）

（2）对你所参与的课程及活动，是否有发自内心的热爱？

（Do you have passion about what you do？）

　　全世界杰出的学生很多，但以这两项标准为前提所收的哈佛学生，才能为哈佛带来源源不断的正能量。哈佛网罗了各个领域最积极有热情的学霸，在这里接受高等教育，不只学到最顶尖的知识，更结交了全世界最优秀的事业伙伴。哈佛大学的超级校友网，加上数百年来无与伦比的名声，为哈佛学子打造了一个通往成功最好的桥梁。

Box：

　　1. 哈佛不是成功的顶点，而是成功最好的起点。

　　2. 哈佛的教育理念重在"创新"及"活用"，它不只为学生提供最好的师资，及最现代化的设备，更提供了其他大学所没有的超级校友网。

　　3. 哈佛大学在招收学生时，最看重的不是 SAT 是否考满分，而是：

　　（1）是否在课业及课外活动，全面性地挑战并激发自己的潜能？（Are you willing to challenge yourself in the hardest way？）

　　（2）对你所参与的课程及活动，是否有发自内心的热爱？（Do you have passion about what you do？）

38

如何准备进美国名校

我自幼在台湾出生长大，那时候台湾的教育体系还是传统的考试教制度，所谓"一考定终身"，学生能否进入名校就读，与平时在校学业成绩如何无关，完全凭借一次联合招生考试来决定。之后，我随着父母移民加拿大，陪着孩子在温哥华成长学习，帮助他们双双被哈佛大学提早录取。三十多年来亲身经历中西文化教育制度的差异，我深深体会到，想要帮助孩子准备进入美国名校，首先要避免中西教育体系的两大认知错误。

第一，美国名校不推崇"一考定终身"的招生制度，他们更在意学生在校期间的整体表现；但是，许多华人家长，将美国 SAT（Scholastic Assessment Test）考试，当成了中国传统的大学联合招生考试，拼命地要求孩子在 SAT 考试中拿高分，并且错误地认为，只要 SAT 考满分，孩子就必定能进到美国最好的大学，这其实是对西方教育招生体系上最大的误解。

第二，中国的教育体系提倡"术业有专攻"，大多在高中时期，就已将学生分为文科生及理科生，在报考大学的时候，以自己想要主修的专业来填写志愿；反观美国的名校，他们更主张高中生应该全面发展，给孩子更多的时间学习成长，进而正确地了解自己的兴趣和专长，等到大学二年级之后，再决定什么才是最适合自己的主修科目。

我们在帮助孩子准备申请美国大学前，必须先明白这两点中西文化教育理念的重大差异，才能正确地帮助孩子，充分学习准备，成功进入美国名校。

·美国名校如何评量学生课业成绩

中国人在数千年科举考试制度的文化背景下，自然而然地发展出大学联合招生考试，虽然"一考定终身"对考生来说压力有些大，但也为所有的大专院校，立下了公平公正的招生标准。而美国是一个新兴的国家，特别追求创新的想法，加上美国著名的学校大多是私立学校，例如哈佛、耶鲁、斯坦佛大学，等等，都有自己的创校理念及教育哲学，所以并没有一致的联合大学招生考试，不同的大学，都有自己不同的招生标准及方式。但一般来说，美国大学是由从下四方面来评量学生在高中时期的整体课业能力：

（1）中学生四年的在校成绩：从九年级（相当于中国的初三）到十二年级（相当于中国的高三）。

（2）SAT I（Reasoning Test）考试成绩（满分1600分，考试时间三小时以上）。

（3）SAT II（Subject Tests）考试成绩（每科满分800分，考试时间一小时）。

（4）AP（Advanced Placement）考试成绩（每科满分5分，考试时间三小时）。

SAT 及 AP Tests 都是美国大学联合会（College Board）所提供的标准化考试，其中 SAT 分 SAT I 逻辑推理测验（Reasoning Test）及"SAT II"高中学科主题测验（Subject Tests），这两项考试主要都是注重测试高中教学内容；而"AP"（Advanced Placement）则是将大学一年级比较基础的学科，例如英文、历史、物理、化学等，内容标准化后，给高中生提前进修大学课程的机会，并且可以通过 AP 考试，来证明自己的学科能力。

一般美国大学，都会要求高中生提供逻辑推理测验的成绩，来证明他们基本的学习推理能力，这或许是大多数中国人将"SAT I"当成相对于中国大学联招考试的原因，但其实美国名校更看重中学生从九年级（相当于中国的初三）到十二年级（相当于中国的高三）这四年的在校成绩。此外"SAT II"（高中学科主题测验），以及相当大一程度的 AP 考试也是美国许多非常看重的课业能力指标。

美国著名的大学，普遍要求学生提供两到三门 SAT II 成绩，以及多门 AP 课程考试成绩。SAT II 是美国大学联合会以数学、科学、英文、历史及语言五大类为基准，所设计的二十个高中学科标准考试，通常在每年三月、五月、六月、八月、十月、十一月及十二月提供七次考试。AP 考试也是由美国大学联合会统一提供三十多门不同学科的标准考试，但只在每年五月时举行考试。

其中 SAT 考试成绩可以用另一种全国性大学评量考试 ACT 来取代。ACT 以数学、英文、阅读及科学四项领域来评量高中生的课科能力，满分三十六分，考试时间是四小时以上，通常在每年二月、四月、六月、九月、十月及十二月，共举行六次考试。由于华人普遍将 SAT 考试成绩当成进入美国大学唯一的指标，无数的高中学生更以 SAT 考满分为目标，恶性竞争的结果下，使得 SAT 的录取成绩标准非常之高。其实，ACT 也是非常好的大学入学评量考试，由于鲜少有人知道它的权威性，相对来说比 SAT 好考得多。而 AP 也可以用 IB（The International Baccalaureate）来取代，以证明学生有杰出的学科能力。

此外，如果不是在美国或加拿大等英语系统国家的高中毕业，则需要考托福（Test of English as a Foreign Language，TOEFL），或是雅思（International English Language Testing System，IELTS）的成绩来证明自己的英文能力。托福考试满分一百二十分，分为听说读写四个部分，每个部分各占三十分，考试时间大约四小时。雅思考试也分为听说读写四个部分，每部分最高分为九分，总分以四部分平均分数为主，满分是九分，考试时间大约三小时。

·美国名校着重全面性优秀

美国的著名大学在招生的时候，还有另一个与中国大学极为不同的评估方式，那便是他们更看重高中生的全面性优秀，而不是只重视课业成绩。移民后，我深刻体会到西方教育给孩子更多时间成长学习，他们认为高中是孩子全面发展的重要时期，鼓励孩子多多接触各种各样的知识，进而正确地认识自己的兴趣和才能。在台湾地区，高中二年级就已经分了文科班和理科班，之后参加大学联考时要先填写自己想要主修的科目，而美国著名的大学，往往都不需要学生们先确定他们想主修的科目；他们在开学第一个月，通常都会开放所有的课程，比如哈佛大学，就有所谓的自由选课周（shopping week），让新进来的大一学生自由地参与上课，之后再决定自己想选学什么课程，至于主修科目，更是可以等到大二或是大三再决定。正因为如此，美国著名大学在招收新生时，主要评估学生中学期的全面性能力，旨在选出身心健康并且最有成长潜能的优秀人才。主要以下面四个领域为考虑标准：

（1）课业成绩（academic assessment），主要以中学四年的在校成绩，及美国大学联合会所提供的各种标准考试为主要评量。

（2）特殊才艺（special talent），例如音乐、体育及艺术的学科之外的才艺。

（3）领导能力（leadership），美国著名大学希望在各行各业培养出优秀的领导人才，所以他们更注重评量学生的团队精神及领导能力。

（4）义工服务（volunteer），只有充满爱心愿意服务社会的人才是真正优秀令人敬佩的人，所以义工服务也是所有美国顶尖大学招生时非常重要的评量条件。

对于美国大学选拔新生的标准有了基本的认识后，才能正确地帮助想要去美国名校就读的孩子们，以课业成绩、特殊才艺、领导能力及义工服务四个方面，来增加他们的资历。

· 美国名校概论

到底哪些美国大学算是所谓的名校呢？一般美国的华人最热衷"爬五大藤"，指的是五所美国最著名的大学：哈佛大学、耶鲁大学、斯坦福大学、普林斯顿大学以及麻省理工学院（MIT）。其中新兴的斯坦福大学及麻省理工学院，并不属于我们所熟悉的常春藤美国名校系列，但由于这两所大学拥有优良的师资设备，并且教育出许多世界著名的杰出校友，所以被美国华人广为推崇，并尊其为五所最著名的美国名校之一二，与哈佛、耶鲁、普林斯顿这三所老牌名校齐名。其中哈佛大学、耶鲁大学，及斯坦福大学，均是以综合性整体大学闻名，提供全面性的主修科目，而普林斯顿大学以及麻省理工学院则偏重理工科。

常春藤盟校包括八所学校：布朗大学、哥伦比亚大学、康奈尔大学、达特茅斯学院、哈佛大学、宾夕法尼亚大学、普林斯顿大学、耶鲁大学。它们都是位于美国东北部地区历史悠久的大学，常春藤联盟成立于一九五四年，是由这八所大学组成的体育赛事联盟，因为它们也是美国生产最多罗德奖学金得主的大学联盟，所以成为著名的常春藤美国名校。

这八所大学其实都属于综合性大学，提供全面性的主修科目，但每一所大学有它们自己的长项。例如哈佛大学以培养各行各业的领袖著名，也是出最多美国总统的著名大学；耶鲁大学的法学院排名第一，它的社会科学、人文以及音乐学院都非常著名；哥伦比亚大学则是以医学院、法学院、商学院及它的新闻学院著名；宾夕法尼亚大学的商学院及文学院都十分著名；布朗大学最善于创新，也是最开放的学校，它的专项是经济、数学、物理等学科；康奈尔大学是设计及酒店管理学院最负盛名；普林斯顿大学以数理学院等理工科著名；达特茅斯学院是常春藤盟校中唯一叫学院而非大学的学校，体育、生物、经济、外语及心理学都是它的强项。

除了八所常春藤学校和斯坦福大学、麻省理工学院之外，芝加哥大学也常年位列各个大学排行榜前十，是世界著名私立研究型大学。独树一帜的"芝加哥经济学派"（Chicago School of Economics）在这里诞生，并出了世界超过三分之一的诺贝尔经济学奖得主，经济学、法学、社会学都是它的长项。加州州立大学伯克利分校，也是非常著名的大学，它的商学院及计算机系最有名气。 其他还有约翰霍普金斯大学以医学院著名；卡内基梅隆大学以计算机系以及艺术系著名。美国各个大学种类非常多，在这里没办法一一列举，如果对哪个学科特别感兴趣，应该多做一些相关的研究，好选出最适合自己的美国名校。

·如何申请美国大学

美国大学在线申请系统（Common Application）是申请美国大学最常用的网上系统平台，大约七百所美国大学支持此申请系统，包括常春藤系的八所美国名校，斯坦福大学、芝加哥大学等以上所提到的著名大学，都是通过此在线系统申请。申请人在平台上填入基本个人资料及文章、在校成绩、标化考试的成绩、各项课外活动的描述及所获得的奖项。系统平台还会提示每间学校的申请期限，以及它们所需要的额外申请文件。在艺术方面有专长的申请者，比如音乐、画画及设计等方面，可以再另外送补充组合文案（supplement portfolio）来进一步说明自己的特殊兴趣及专长。

美国加州大学（University of California）是世界顶尖的公校体系，它的十所分校，包括著名加州大学伯克利分校（University of California, Berkeley）、加州大学洛杉矶分校（University of California, Los Angeles, UCLA）等，都是许多学子争相入读的优良学府。

美国加州大学有他们自己的加州大学在线申请系统（UC application），所以不是通过美国大学在线申请系统申请，必须在该学校的网站并按照申请流程的指示申请。

·申请美国大学的类别

根据申请的时间先后顺序，申请美国大学的类别可分为两种：提早录取（early admission）及正常录取（regular admission）。提早录取又分为两种：提早决定（early decision）及提早申请（early action）：

（1）提早决定——在美国大学在线申请系统中，只能选一所学校提早申请，如果你的申请被接受了，你一定要去读这间学校，申请期限大约是十月中到十一月中，一般十二月中就可以知道结果。通过提早决定申请有好有坏，好处是可以比别人先一步进入梦想的学校，坏处是如果被接受，你必须无条件同意入学，不论你是否后来改变主意，或是有其他更好的学校选择。

（2）提早申请——是属于开放式的提早录取，申请期限通常是十月中到十一月中，如果你的申请被接受了，可以选择不去上这间学校，并且可以等到五月一日再回复决定。哈佛大学、耶鲁大学、斯坦福大学以及普林斯顿大学等名校，都提供提早申请，允许杰出的学生在十二月被提早录取后，仍可以继续申请其他大学，等到五月份再做确定回复。

正常录取则是一般的申请流程与申请期限。通常是十月到一月之间申请，三月或四月中知道申请结果，如果申请被接受了，可以等到五月一日再回复决定。也有许多美国大学都采用早申请早录取（rolling admissions）的原则，所以别等到申请截止日期前才提出申请，那很可能录取人数已经额满，再好的学生，也只能被列入等待审核清单（waiting list）了。

能否成功地进入美国名校，不是一项考试成绩可以决定的，必须以四年的在校成绩，SAT（或ACT）、AP（或是IB）及托福（或雅思）等多项标准考试的成绩，加上特殊才艺、领导才能及义工服务等多方面的综合能力来评量。申请美国大学的过程非常繁琐复杂，必须要提前计划，并以学生的课业专长及特殊才艺为主干，通过线上大学申请系统，准备完整的个人履历（personal profile），才能在竞争激烈的大学申请过程中，成功地进入心目中梦想的美国名校。

Box：

能否成功地进入美国名校，不是一项考试成绩可以决定的，必须以四年的在校成绩，SAT（或 ACT）、AP（或是 IB）及托福（或雅思）等多项标准考试的成绩，加上特殊才艺、领导才能及义工服务等多方面的综合能力来评量。

后记

哈佛趣闻一：哈佛家长欢庆周末

"妈，快看宇阳身后坐的是谁？"当我们一群哈佛新鲜人及家长，快步走入哈佛露天美式足球体育场，在几乎客满的观众席中，找到空位坐下时，宇琪立刻这样兴奋地告诉我。原来，纽约州的州长、肯尼迪家族的女婿——安德鲁·科莫正坐在宇阳后面，和我们一起，等待观看即将开始的哈佛对普林斯顿的美式足球竞赛。

哈佛大学每年在十月中，都会举办"新生家长欢庆周末"（Freshmen Parent weekend），邀请所有哈佛新生家长来哈佛校园，亲自参与孩子在哈佛的各项活动。为时三天的哈佛家长欢庆周末，从星期五一大早，就在充满学术气息的哈佛校园温馨又热闹地揭开序幕，每个哈佛新生的父母，都可以在报名处领取欢庆活动时间行程表，并且得到一个可以进出所有活动场所的家长徽章（parent button）。我和先生非常荣幸地领取了两次哈佛家长徽章，一次是宇琪的"哈佛家长徽章 2017"，另一次是宇阳的"哈佛家长徽章 2019"。胸口上别着鲜艳醒目的哈佛家长徽章，走在阳光明媚、绿草如茵的哈佛校园中，想象着自己的宝贝孩子，将在这个全世界最好的学府，展开他们生命中新的璀璨旅程，身为父母我们的心中自然充满着喜悦及自豪。

·哈佛 VS 普林斯顿美式足球赛

哈佛和普林斯顿大学的美式足球竞赛，是哈佛家长欢庆周末 2019 的热门活动。在足球场上，有哈佛及普林斯顿大学的啦啦队精彩热情的开场表演。不只是所有哈佛新生家长应邀参加，还有许多政商名人及历届校友，都来为自己的学弟学妹加油打气："Go Go Harvard Go，Score！！！ Hooray！！！（加油，加油，哈佛，进球，得分！）" 坐在我身旁的哈佛妈妈兴高采烈地为哈佛队加油打气，连我这个对足球竞赛兴趣缺乏的妈妈，都被现场高昂热闹的气氛感染得心潮澎湃。由于我从没看过美式足球比赛，不但不懂比赛规则，就连哪一边进球才是哈佛队得分都不太清楚。身旁坐着好多宇琪、宇阳的美国哈佛同学及他们的父母，他们个个都是美式足球迷，我只好假装看得懂，跟着他们为哈佛队欢呼加油，雄壮威武的哈佛足球队，果然不负众望，一路领先，轻而易举地打败普林斯顿足球队，赢得了比赛，也为哈佛家长欢庆周末 2019，增添了许多欢乐的气氛。

随普林斯顿足球队一起来到哈佛的，不只是他们热情可爱的啦啦队员，还有专业的美声合唱团（Glee Club）。下午在露天足球场上，举办粗犷的体能竞赛，晚上进入历史悠久的哈佛珊达剧院（Sanders Theater），在富丽堂皇的舞台上，以优美动听的歌声，展开另一轮的校际竞赛。

哈佛珊达剧院位于哈佛校园的北边，是哈佛纪念堂（Harvard Memorial Hall）其中的一个建筑物。哈佛纪念堂始建于一八七〇年，是为了纪念所有在美国美国南北战争（American Civil War）光荣牺牲的哈佛学子而建，由著名的建筑设计师也是哈佛杰出校友威廉·罗伯特·微尔（William Robert Ware）及亨利·凡·布朗特（Henry Van Brunt）

共同设计完成。哈佛纪念堂采用庄严华丽的高维多利亚哥特式（High Victorian Gothic）的建筑风格。整个建筑物分成三大部分：珊达剧院、爱丁伯格大厅和纪念展示堂。爱丁伯格大厅现在是哈佛大一学生的食堂，每天供应上千名哈佛学子营养的餐点。爱丁伯格大厅平时不对外开放，就连我们哈佛家长，都只能在哈佛家长欢庆时，才能跟自己的哈佛儿女一起进去用餐。

·走进了哈利·波特的梦幻世界

记得我第一次在走进爱丁伯格大厅时，恍如走进了哈利·波特的梦幻世界，原来哈利·波特的电影，正是以哈佛的爱丁伯格大厅取景拍摄而成，坐在爱丁伯格大厅中用餐，仿佛哈利·波特会随时拿着魔法棒走进来，在我们身旁施展奇妙梦幻的法术。在爱丁伯格大厅楼下，是哈佛游客休闲厅（Loker Commons），有许多室内的游乐设备，像是台球、桌球、钢琴、电视、卡拉 OK 等，并且提供点心及饮料，是哈佛学生一个休息聊天的好地方。

"妈，我们待会儿去哈佛珊达剧院看哈佛和普林斯顿的美声合唱团表演，美国常春藤大学不只招收课业成绩优异的学霸，还网罗了艺术界顶尖的人才，其中美声演唱者都有极高的专业水准，一定要去听。"宇琪兴高采烈地向我介绍哈佛家长欢庆周末的艺术表演节目，我听了也十分兴奋，立刻盛装打扮，准备去听这场高水准的美声表演。

·美国名校间的趣味竞赛

走进富丽堂皇、庄严典雅的哈佛珊达剧院，第一个映入眼帘的不是高雅尊贵的舞台，而是二楼观众席旁高挂的"HARVARD SUCKS""Harvard is Number#2"的戏弄海报，在庄严的深红色桃木观众席前，显得格外突出不搭调。原来美国常春藤大学，不只学业互相竞争，在艺术及体育方面，也处处竞争比较，尤其是哈佛和耶鲁、哈佛和普林斯顿这样顶尖的常春藤大学，更是在各种正式及非正式的场合，不甘示弱地处处争第一。令我又惊讶又好笑的是，这些美国名校中的大学生，竟然也用这种小学生的幼稚方法，在音乐会场里互相吐槽。

因为普林斯顿美声合唱团是客人，哈佛美声合唱团还是很有风度地请他们先上台表演，将近百人的普林斯顿美声合唱团，果然水准不凡，圆润悦耳的歌声，配上节奏轻快的舞步，再加上他们的老虎玩偶，整个表演生动活泼，像是纽约百老汇的专业舞台表演。但更吸引观众注意的，是他们自己编写的歌剧内容，全是以风趣的手法，自夸普林斯顿种种的好，再将吐槽哈佛的歌声，艺术又趣味地掺在其中。哈佛的美声合唱团，似乎早已习惯这样边玩边唱的校际音乐会，只要普林斯顿在台下开始笑唱哈佛不好，观众席中的哈佛美声合唱团员，便集体往表演台上丢折好的纸飞机，里面当然早写好笑骂普林斯顿的词语。一场校际音乐会结束时，舞台上下充满着嬉戏的纸飞机，倒是给我们这些远道而来的哈佛家长们一次与众不同的欢乐音乐会。

· 如何做一个杰出成功的哈佛人

哈佛珊达剧院不只是大型音乐会的表演舞台，更是哈佛重要庆典的主要会场，例如哈佛九月初开学时，哈佛校长就是在这里致词，欢迎所有的哈佛新生及家长。在哈佛家长欢庆周末时，也会邀请著名哈佛教授来演讲。记得数年前，我去参加宇琪的哈佛家长欢庆周末时，在哈佛珊达剧院听了一场"如何做一个杰出成功的哈佛人"的演讲，其中特别强调在哈佛时间管理的重要性。哈佛大学提供八千多个正式课程，再加上四百多个学生社团，对刚从高中毕业的哈佛大一学生，面对全新的哈佛校园生活，多半有种刘姥姥进大观园的感觉，什么都好玩，什么都想试试。试想，哈佛是汇集天下英才而教之的地方，哈佛学生们，都有着惊人的学习能力，在这里，不论是大学课程或是学生社团，都有外界想象不到的超高标准。刚入读哈佛的学生，大多数在自己原本的高中，像超人般的什么都做得很好，来到哈佛后，也想什么都试一试，这时必然发现时间不够用。记得当时那位演讲的教授明确地指出，想要做个成功的哈佛人，第一重要的，就是有效率的"时间管理"。

哈佛校园还有个奇特的现象，就是常常游客比学生还多。那一年，我在宇琪大一亚普丽新生宿舍（Apley Freshman Dorm）的三楼往窗外看去，一辆辆大型游览车载着数以百计的游客来参观哈佛校园，令我想起二〇〇八年时，我们带着宇琪、宇阳去加拿大东部魁北克省参加全国音乐大赛后，也趁机租了台车，全家一起畅游美加东部各大城市，其中带孩子们来波士顿看看哈佛校园，也是我们的重要行程。

来过哈佛旅游的人都知道，哈佛校园里有个著名的铜像，就是为了纪念哈佛大学创始人约翰·哈佛（John Harvard）而设立，传说只要摸着约翰·哈佛铜像的脚许愿，就能成为哈佛的学生。我们也抱着宁可信其有的心情，让宇琪、宇阳都摸着约翰·哈佛铜像的脚许愿。不知道是传说真的灵验，还是去参观哈佛校园激励了宇琪、宇阳的上进心，数年后，姐弟俩真的成为哈佛学子，而我和先生，也光荣地以哈佛新生父母的身份，再一次地走在哈佛庄严优美的校园中。

哈佛趣闻二：哈佛学生会——从政的捷径

"我要竞选哈佛学生会代表！"宇阳进了哈佛后不到一个月，就正式地向我们宣布他要竞选哈佛学生会。宇阳向来人缘极好，无论到哪儿，总有一帮朋友围绕着他。以前在高中时，他就说要竞选学生会，那时，我非常反对。高中的学生会主席，虽然可以借由主办学生活动学习到许多做人处世的经验，但是当时的宇阳，已经有了许多重要的活动，除了一般学科考试外，还参加并主办各种数理化的竞赛，再加上钢琴、大提琴、小提琴三门乐器，滑雪、游泳、水球比赛三项运动，实在不可能再抽出时间参与学生会。宇阳自己也明白，所以面对我的反对，他也没有特别坚持。可能在他心中对学生会始终有着梦想及期望，上了哈佛后，就毫不犹豫地要以大一新生的身份，参选哈佛学生会代表。我十分惊讶地听到，才入哈佛不到一个月的宇阳充满决心地说他要竞选哈佛学生会，虽然我没有理由再反对，但哈佛里人才济济，无数想从政的优秀人才，都想借由哈佛学生会开启他们的政治生涯，而宇阳从没有过参选的经验，又是加籍华人，在哈佛算是国际学生，要与其他美国白人竞争哈佛学生会代表，身为妈妈我忍不住暗中担心。虽说要鼓励孩子"不计成果，积极参与"，但如果兴致勃勃、充满自信的宇阳，一入哈佛就落选，会不会受到打击？这一连串的问题和忧虑，立刻涌上了心头。但孩子要参与，我实在找不出合理的反对理由，只好硬着头皮说："你想参选，就试试吧！"

·成功选上哈佛学生会代表

国际学生在哈佛，可算是客居他乡，势单力薄，不像当地的美国学生，原本就有认识的同学或朋友一起考入哈佛。宇阳则是从零开始，在哈佛校园结交新的朋友。为了要角逐哈佛学生会代表，宇阳初入哈佛，便积极地在各种场合中，认识新的朋友。从哈佛迎新会、社团介绍会到各种学生参会，宇阳在短短的几个星期，就以他开朗善良的性格，在哈佛成功地建立了新的社交圈。在温哥华长大，深受加拿大多元文化传统的影响，宇阳尊重每一个不同族裔的文化及想法，不只当地的美国白人同学，喜欢才华横溢又亲切善良的宇阳，连其他少数族裔的同学，也都特别爱和宇阳做朋友。他们听到宇阳要竞选学生会，纷纷自告奋勇当他的助选团，有的同学帮他画引人注目的参选海报，在校园中到处张贴，有的同学在校园中四处为宇阳宣传拉票……在我心中那个天真幼稚的小儿子宇阳，竟然在短短几个星期，成了哈佛校园内的热门学生，并在数星期后，成功地入选哈佛学生会。

哈佛大学是众所周知的最高学府，群聚各个领域最优秀的人才，在美国各行各业中占有重要的领导地位，所以美国的知名政治家，不论是民主党还是共和党，都希望他们的政见能得到哈佛学生的支持及背书，哈佛学生会更是各党派政治家拉拢哈佛学子的最佳桥梁。简单地说，当选哈佛学生会代表，就是为自己的从政之路印出了第一张亮丽的名片。

·前美国总统在哈佛教室指导未来的美国总统

宇阳初入哈佛就结识了一个对政治极有兴趣并且博学多闻的好朋友杰克。杰克来自美加边境五大湖区的传统白人美国家庭。记得宇阳刚认识杰克时，对这个平时稍有些许害羞内向但一谈到政治就神采飞扬，滔滔不绝的美国同学佩服有加："哇！杰克对政治的博学，真令我叹为观止。从美国内政到国际形势，他都能清清楚楚地分析因果，并且针对不同形势，提出独到的见解，以及合理的预测。"宇阳兴奋地向我描述这位新交的哈佛同学。在开学后不多久的家长周末我也有机会在校园中见到了杰克和他的妈妈，我们边喝咖啡边聊天，在短短一小时左右的聚会中，我不只深刻体会到杰克对政治的热爱，更被他正直善良、以天下事为己任的胸怀所感动。杰克虽不像宇阳那样开朗外向，但他正直博学的政治理念，却深深地感动了周遭的每一个人，使得有些内向害羞不善交友的他，竟然以最高票和宇阳一起入选了哈佛学生会。

　　"当前美国总统比尔·克林顿走进我们的会议室，做我们小组讨论的组长时，我简直不敢相信自己的眼睛。"杰克兴奋地和大家分享他在哈佛大学政治学会（The Institute of Politics at Harvard University）中见到并接受美国总统比尔克林顿指导的真实情景，"除了哈佛校园，这世界上再找不到别的地方会见到美国总统比尔·克林顿走入一间小教室，亲自指导大学生讨论政治了。"宇阳说："这场景好像前美国总统在哈佛教室会见并指导未来的美国总统。"谁说不是呢？哈佛大学至今已出了八位美国总统，说不定正直博学的杰克在不久的将来，会再以高票当选为举世闻名的美国总统呢！

　　除了哈佛学生会，哈佛大学政治学会是哈佛提供的另一个最佳从政桥梁。哈佛大学政治学会在一九六六年成立，为纪念杰出的肯尼迪总统（John F. Kennedy），并鼓励哈佛学子以肯尼迪总统为榜样，做一个伟大的政治家。肯尼迪总统说："任何一个国家的前途，都取决于他们青年的热情及才能。（The future promise of any nation can be directly measured by the present prospects of its youth.）"肯尼迪总统本身就是在就读哈佛大学时，受到当时的杰出校友及政治家的启发，才立志成为一个伟大的国家总统。哈佛大学政治学会正是为了激励更多的年轻人，以国家的前途为己任，以创造一个美好的世界为梦想，成为一个有远见、有理想的政治家。

哈佛大学政治学会提供对政治有兴趣的哈佛学生亲身参与并实际学习的机会。他们时常邀请知名政治家来与哈佛学生讨论重要政治议题，开阔学生的视野及见解，并时常举办时事辩论，为哈佛学生提供政治辩论的实战经验；以此帮助哈佛学生安排在美国国会及白宫实习，为有志从政的杰出学子，搭建一个走向美国政治核心的康庄大道。

·每个受教育的知识分子，都有服务社会的责任

先生和我都是学理科的，从没有想过自己的孩子会对政治有兴趣。宇阳是杰克在哈佛的好朋友，他们不但在哈佛学生会一同讨论如何促使哈佛大学提供更杰出的高等教育，更不时地关心讨论国事以及天下事，再加上宇阳一入哈佛便碰上二〇一六年的美国总统大选，校园中到处充满着正式及非正式的政治辩论，热闹非凡。虽说宇阳是加拿大公民，在美国没有投票权，但也跟着他的美国同学们慷慨激昂地讨论美国政治。先生和我常开玩笑地对他说："宇阳，你不是出生在美国，做不成美国总统了——做加拿大总理还有可能，不过你得勤练法文了，因为加拿大总理必须精通英法两种语言，光英文好是不够的。"

肯尼迪总统说："每个受教育的知识分子，都有服务社会的责任。（The educated citizen has an obligation to serve the public.）"出类拔萃的哈佛学子，更应该善用自己的才能来服务大众、回馈社会。这也正是哈佛招生时特别看重服务社会的主要原因。杰出的才能固然重要，但是以服

务社会及造福人类为己任，才是哈佛最看重的正能量。从事政治虽然是最快速改善人类生活的途径，但其他职业像科学家、企业家、艺术家等，只要胸怀天下以服务社会为己任，也可以用他们的才能来帮助创造一个更美好的世界。